图文精注山海经

柳书琴　编注

中国画报出版社·北京

当人们说起今日世界文明时，地理大发现是一个绕不开的话题，人们惊叹哥伦布发现美洲新大陆，达·伽马绕过好望角。但是，如果15世纪的欧洲人就已看到我们的《山海经》，就会知道早在2500年前，中国人可能就已到达非洲和美洲，不然就无法解释成书于中国战国时期的一本书，为什么记载了白头海雕、玃狙狼、亚马孙雨林的黑白桎柳猴，这些美洲、非洲才有的动物形象，还有大人国、小人国、羽民人，这些让你想到了什么……所有这一切似乎都在告诉现代人，我们的祖先走了多远，见过怎样的世面。

流传千年的文字成为典籍，《山海经》更以它百科全书式的内容越来越受到人们的喜爱。不同时代的读书人，对这本奇书给出了不同的解读与论证，就像有人只将《荷马史诗》当作文学作品读，而海因里希·施里曼则相信特洛伊城真正存在并付诸行动，最终让这个古城呈现在世人面前。我们在编写这本《图文精注山海经》时，注释部分除了选用前人的注疏，又对前人的注疏中有不及的地方进行了解释。书中有些动物已不仅仅是一个传说，而是真实存在于大自然中，如举父与现实中的僧帽猴应为同一动物……我们通过绘图及文字对此加以介绍，这正是本套书不同于其他版本的地方。更重要的是，这种方式可以起到抛砖引玉的效果，从而激发读者去发现更广阔的世界。

图文精注山海经

南山经·第一列山脉	2	东山经·第四列山脉	102
南山经·第二列山脉	7	中山经·第一列山脉	107
南山经·第三列山脉	12	中山经·第二列山脉	111
西山经·第一列山脉	18	中山经·第三列山脉	114
西山经·第二列山脉	29	中山经·第四列山脉	117
西山经·第三列山脉	37	中山经·第五列山脉	121
西山经·第四列山脉	48	中山经·第六列山脉	125
北山经·第一列山脉	57	中山经·第七列山脉	131
北山经·第二列山脉	68	中山经·第八列山脉	137
北山经·第三系山脉	74	中山经·第九列山脉	143
东山经·第一列山脉	89	中山经·第十列山脉	149
东山经·第二列山脉	94	中山经·第十一列山脉	151
东山经·第三列山脉	99	中山经·第十二列山脉	161

目录

海外南经   166

海外西经   171

海外北经   176

海外东经   181

海内南经   185

海内西经   189

海内北经   193

海内东经   199

大荒东经   205

大荒南经   214

大荒西经   223

大荒北经   232

海内经   241

南山经

《南山经》是《山经》部分的开始，主要包括三大山系的内容，重点记述这三大山系的地貌矿藏和珍禽怪兽，以及对各大山系的山神祭祀等情况。三大山系共有大小四十座山脉，蜿蜒八千一百九十千米。

第一列山脉

誰　山　　招摇山

堂庭山　　猨翼山

杻阳山　　柢　山

亶爰山　　基　山

青丘山　　箕尾山

誰山　招摇山

《南山经》之首曰誰①（què）山。其首曰招摇之山，临于西海之上，多桂，多金玉。有草焉，其状如韭而青华，其名曰祝余②，食之不饥。有木焉，其状如榖③而黑理，其华四照，其名曰迷榖，佩之不迷。有兽焉，其状如禺④而白耳，伏行人走，其名曰狌狌⑤（xīng），食之善走。丽𪎭（jǐ）之水出焉，而西流注于海，其中多育沛⑥，佩之无瘕（jiǎ）疾。

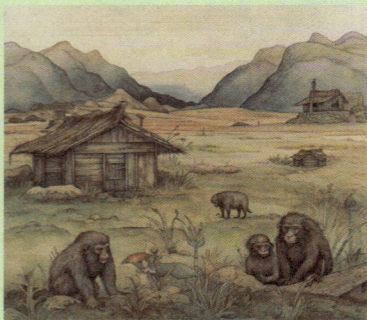

狌狌

①誰山：誰，鹊的古字。鹊山，据清吕调阳《五藏山经传》卷一："即达穆楚克山，雅鲁藏布所源也。雅鲁藏布即赤水，其源有池斜锐，水自东北流出，会池北一源，象鹊仰地张喙之形，故山得名焉。"②华，同"花"。《五藏山经传》卷一："祝余即贝母苗，似大蒜，根作瓣如贝子，拔之有项如祝者（祝是祭祀时主持祝告的人）。"③榖：构树。④《五藏山经传》卷一："禺，狒狒也。一名蒙颂，一名枭阳。"⑤狌狌：猩猩。⑥育沛：《五藏山经传》卷一："今名海马，产妇握之易生，故名。"

堂庭山　猨翼山

原文

又东三百里，曰堂庭之山，多棪（yǎn）木①，多白猿，多水玉，多黄金。

又东三百八十里，曰猨（yuán）②翼之山，其中多怪兽，水多怪鱼，多白玉，多蝮虫③，多怪蛇，多怪木，不可以上。

注释

①棪：杉树。②猨：同"猿"，猿的异体字。③蝮虫：毒蛇。蝮，胎生之蛇。虫为虺的本字，虺是一种毒蛇。《五藏山经传》卷一："博（脖）三寸首大如擘。蝮虫亦海外蠹，为蛇。"郭璞注："蝮虫，色如绶纹，鼻上有针，大者百余斤，一名反鼻。"

杻 阳 山

原文

又东三百七十里，曰杻（niǔ）阳之山①，其阳多赤金，其阴多白金。有兽焉，其状如马而白首，其文如虎而赤尾，其音如谣，其名曰鹿蜀，佩之宜子孙。怪水②出焉，而东流注于宪翼之水③。其中多玄龟，其状如龟而鸟首虺尾。其名曰旋龟④，其音如判木⑤。佩之不聋，可以为底⑥。

注释

①《五藏山经传》卷一："杻当作丑，羞也。丑阳之山，今郭拉岭也，以居怪水之阳，故名丑阳。"山南水北为阳。②《五藏山经传》卷一："怪水今佳隆鲁河，出山之西南，东北流会翁楚河，象穿窬故曰怪，又象淫者，故曰丑。"穿窬（yú），指爬墙偷盗。③《五藏山经传》卷一：

杻阳山玄龟

"宪翼之水，即猨翼山水。宪，县法也，横绳悬之也，猨翼水形似之。"④旋龟：即鹗龟，两目在侧如鹗。⑤判木：劈开木头。⑥为底：郭璞注："底，蹄也。为，犹治也。一作'疷（qí）'，犹病愈也。"清郝懿行《山海经笺疏》："尔雅释诂云：'疷，病也。'为疷，则治病使愈，故云'犹病愈'矣。"

柢 山

原文

又东三百里，曰柢（dǐ）山，多水，无草木。有鱼焉，其状如牛，陵①居，蛇尾，有翼，其羽在鮭（qū）下②，其音如留牛③，其名曰鯥（lù）④，冬死而夏生。食之无肿疾。

注释

①陵：小山丘。②鮭：鱼胁，就是鱼的肋骨部位。鮭，通"胠"，《玉篇》："胠，腋下也。"《广雅》："胠，胁也。"③留牛：牦牛。④鯥：《五藏山经传》卷一："鯥疑当作鲮，即鲮鲤也。一名龙鱼，一名鲸。"

亶爰山

原文

又东四百里，曰亶（dǎn）爰（yuán）之山①，多水，无草木，不可以上。有兽焉，其状如狸而有髦②，其名曰类，自为牝牡③，食者不妒。

注释

①亶爰山：《五藏山经传》卷一："拜的城南有牙穆鲁克池，广二百三十余里，周七八百里，中有三山，一名米纳巴，一名鸦博士，一名桑里。山下溪流甚多，时白时黑，或成五采，池水周绕不流，亦不涸，即亶爰之山也。"拜的城，今西藏浪卡子县北白地。②髦：动物颈上的毛发。③自为牝牡：雌雄同体，自己和自己交配就可以繁衍后代。类：《五藏山经传》卷一："类，灵狸也，亦曰灵猫。"《列子》："爰之兽，自孕而生，曰类。"

基　山

原文

　　又东三百里，曰基山①，其阳多玉，其阴多怪木。有兽焉，其状如羊，九尾四耳，其目在背，其名曰猼（bó）訑（yí），佩之不畏。有鸟焉，其状如鸡而三首、六目、六足、三翼，其名曰鹢（chǎng）鸼（fū），食之无卧②。

注释

　　①基山：《五藏山经传》卷一："基当作箕。山即努金刚藏山，有水东北会龙前河入赤水，西对林奔城，西南小水形如箕也。"②无卧：不用睡觉，意为不嗜睡。

青丘山

原文

　　又东三百里，曰青丘之山①，其阳多玉，其阴多青䨼（huò）。有兽焉，其状如狐而九尾，其音如婴儿，能食人，食者不蛊。有鸟焉，其状如鸠，其音若呵，名曰灌灌，佩之不惑。英水出焉，南流注于即翼之泽。其中多赤鱬（rú）②，其状如鱼而人面，其音如鸳鸯，食之不疥③。

九尾狐

注释

　　①青丘山：《五藏山经传》卷一："青丘在藏地日喀则城之西南四百余里，萨布楚河所出之卓尔木山也。萨布水形象人跂（qǐ）足窥井，故名青丘。"跂足，踮起脚尖。②赤鱬：《五藏山经传》卷一："鱬疑为鳎之讹，大鰕（xiā）也。"但从后文中"其状如鱼而人面"应为儒艮。鰕，《尔雅》：鲵，大者谓之鰕。③疥：

疥疮。

箕 尾 山

原文

又东三百五十里，曰箕尾之山[1]，其尾踆（cún）于东海，多沙石。汸（fāng）[2]水出焉，而南流注于淯（yù）[3]，其中多白玉。

注释

[1]箕尾之山：《五藏山经传》卷一："箕尾，箕山之尾也，山在今拜的城西南。" [2]汸水：《五藏山经传》卷一："有龙前河西南流会努金刚山，水北注赤水，其形长方，故名汸。" [3]淯水：《五藏山经传》卷一："努金刚水形圆似孕妇腹，故名淯。"

结 语

原文

凡䧿山之首，自招摇之山，以至箕尾之山，凡十山，二千九百五十里。其神状皆鸟身而龙首。其祠之礼：毛[1]用一璋玉瘗（yì）[2]，糈（xǔ）[3]用稌（tú）米[4]，一璧，稻米，白菅（jiān）[5]为席[6]。

注释

[1]毛：古代祭祀时所用的有毛的牲畜。

[2]瘗：埋葬。 [3]糈：精米，古代用以祭神。

[4]稌米：粳米。清吴任臣《山海经广注》："稌，今之糯稻。" [5]白菅：茅草的一种，叶片细长、坚韧。 [6]席：《山海经笺疏》："席者，藉以依神。"神降临所用的席子。

南山第一列山脉山神

第二列山脉

柜　山　　长右山

尧光山　　羽　山

瞿父山　　句余山

浮玉山　　成　山

会稽山　　夷　山

仆勾山　　咸阴山

洵　山　　虖勺山

区吴山　　鹿吴山

漆吴山

柜　山

原文

《南次二经》之首曰柜（jǔ）山①，西临流黄②，北望诸毗（pí）③，东望长右。英水出焉，西南流注于赤水，其中多白玉，多丹粟。有兽焉，其状如豚，有距④，其音如狗吠，其名曰狸力，见则其县多土功。有鸟焉，其状如鸱（chī）而人手，其音如痹⑤，其名鴸（zhū），其名自号也，见则其县多放⑥士。

注释

①柜山：《五藏山经传》卷一："柜山，拉撒诏东北之央噶拉岭也。柜同巨，准器，盛水者也。岭东之噶尔招木伦江形方，似之。"准器："木为方斗，旁出两遂，若句股形，俱溢则平也。"②流黄：《五藏山经传》卷一："流黄，泽名，即腾格里海。东西长二百八十里，南北广百四十五里，在拉撒西北三百二十里，所谓流黄辛氏之国者也。"③诸毗：《五藏山经传》卷一："凡群水潴泽曰诸毗。诸，猪也，如豕子从母也。毗，辅也，如辅员于辐也。此之诸毗谓喀拉诸池黑水上源也。"潴，水积聚。毗，《说文》："人脐也；今作毗。"

连接的意思。④距：雄鸡、野鸡等的腿后突出的像脚趾的部分。⑤痹：《山海经笺疏》："《尔雅》云：'鹑之雌者名痹。'"⑥放：流放。

长右山　尧光山

原文

东南四百五十里，曰长右之山①，无草木，多水。有兽焉，其状如禺②而四耳，其名长右，其音如吟，见则郡县大水。

又东三百四十里，曰尧光之山③，其阳多玉，其阴多金。有兽焉，其状如人而彘鬣④，穴居而冬蛰，其名曰猾裹（huái），其音如斫（zhuó）木，见则县有大繇（yáo）⑤。

注释

①长右之山：《五藏山经传》记为"长舌之山"，"山在今拉里城西，噶克布河西北，二源，象人口中有海子，长数十里，受东南一水，象长舌也。兽名亦因水形附会耳。"②禺：古代传说中的一种猴。③尧光山：《五藏山经传》卷一："《太平御览》作克光之山。""尧光之山在今池州建德县西南，香口河所出也，东北有尧城镇，盖取山为名。"④彘鬣：猪身上又长又硬的毛。彘，野猪。⑤繇：通"徭"，劳役。

猾裹

羽山　瞿父山　句余山

原文

又东三百五十里，曰羽山①，其下多水，其上多雨，无草木，多蝮虫。

又东三百七十里，曰瞿父之山②，无草木，多金玉。

又东四百里，曰句余之山③，无草木，多金玉。

注释

①羽山：《五藏山经传》卷一："羽山在闽福宁府寿宁县北，俗呼岭头，三水南下合流注海如羽。"②瞿父山：《五藏山经传》卷一："衢州之西，闲水会也。瞿，左右顾也。"瞿视，表示惊恐四顾。③句余山：《五藏山经传》

卷一："句余之山，闽海两矶岸也，在福州罗源县东，其北似句，其南似余。余，食已而嚅也。"句，同勾，即钩；嚅，同嚼，即形状如口嚼东西。

浮 玉 山

原文

又东五百里，曰浮玉之山①，北望具区②，东望诸毗。有兽焉，其状如虎而牛尾，其音如吠犬，其名曰彘，是食人。苕水出于其阴，北流注于具区。其中多鮆③（cǐ）鱼。

注释

①浮玉山：《五藏山经传》卷一："浮玉，中天目山也。"天目山位于浙江省杭州市西北部临安区境内。②具区：《五藏山经传》卷一："震泽，海内东经谓之雷泽，在吴西。"即今江苏省境内的太湖。③鮆鱼：即鮥(jì)鱼，这种鱼头长而狭薄，生活于近海。

彘

成山　会稽山

原文

又东五百里，曰成山①，四方而三坛，其上多金玉，其下多青雘。阆（shǐ）水②出焉，而南流注于虖（hū）勺③，其中多黄金。

又东五百里，曰会（kuài）稽（jī）④之山，四方，其上多金玉，其下多砆（fū）石。勺水出焉，而南流注于湨（jú）⑥。

注释

①成山：《五藏山经传》卷一："尧光东南也，今衢州开化县北之马金岭。"②阆水：《五藏山经传》卷一："阆，古闲字。闲水，金溪水也。闲，厩门也，防马外逸，每启辄阖之义。金溪水南流而东，虖勺自西南反曲流来会之，象闲门，故曰闲。"③虖勺：水名。《五藏山经传》卷一："虖，虎食兽作声也。勺，爪之也。虖勺之水象之故。即今文溪水矣，又名滂水。滂者，大风吹雨旁灭也。"④会稽山：《五藏山经传》卷一："会稽，今大盆山，在金华府东阳

县东，与今绍兴山阴之会稽相去百数十里。荆浦诸水西流，象会计者舒掌屈指之形。会，算也；稽，屈也。"⑤砆石：像玉一样的石头。⑥潕：古水名。

夷山　仆勾山　咸阴山

原文

又东五百里，曰夷山①，无草木，多沙石。潕水出焉，而南流注于列涂②。

又东五百里，曰仆勾之山③，其上多金玉，其下多草木，无鸟兽，无水。

又东五百里，曰咸阴之山④，无草木，无水。

注释

①夷山：《五藏山经传》卷一："句源之北，当荆浦溪之南岸，是为夷山。有马岭溪水，实潕北源，南流会西源之永安溪而东，象人裸仰，故曰夷。夷，蛇屈首也，裸仰之形也。"②列涂：《五藏山经传》卷一："又东注海梅墺（ào）南，是为列涂，诸小水比次多涂也。"③仆勾之山：《五藏山经传》卷一作"仆句之山"："山在今将则城年楚河，象句背而后有丛枝也。"④咸阴之山：《五藏山经传》卷一："即嵊县西北龙华山，在咸水之阴也。咸水，今双桥溪，西流入浦阳江而北注滂水也。"

洵山　虖勺山

原文

又东四百里，曰洵（xún）山①，其阳多金，其阴多玉。有兽焉，其状如羊而无口，不可杀也，其名曰𪎭（huàn）。洵水②出焉，而南流注于阏（è）之泽，其中多芘（zǐ）蠃③（luó）。

又东四百里，曰虖勺之山④，其上多梓（zǐ）枏（nán）⑤，其下多荆杞。滂（pāng）水出焉，而东流注于海。

注释

①洵山：《五藏山经传》卷一："洵山，处州宣平县东北俞源山也。"②洵水：《五藏山经传》卷一："洵水，瓯江水也，自源西南流至宣平县南合两水，又东南至府治南合两水，又至青田县西北合两水，合处皆成十字，故谓之洵。从旬，十日也。汉阳之洵亦以源处成十字也。"③芘蠃：紫色的螺。《山海经笺疏》："芘当

为茈字之讹也。古字通以茈为紫。"《太平御览》引此经"茈"作"芘"。④厚勺山：因厚勺水流经而得名。⑤枏：郭璞注："枏，大木，叶似桑，今作'楠'，音'南'。"

区吴山　鹿吴山　漆吴山

原文

又东五百里，曰区吴之山，无草木，多沙石。鹿水出焉，而南流注于滂水。

又东五百里，曰鹿吴之山①，上无草木，多金石。泽更之水②出焉，而南流注于滂水。水有兽焉，名曰蛊雕，其状如雕而有角，其音如婴儿之音，是食人。

东五百里，曰漆吴之山③，无草木，多博石④，无玉。处于东海，望丘山⑤，其光载出载入，是惟日次⑥。

注释

①鹿吴山：《五藏山经传》卷一："西天目山以西南，北与大江分水，西与区吴分水，皆鹿吴也。山在杭州于潜县北，其水曰桐溪，水凡合十一源南注滂水，其形肖鹿。"②泽更之水：《五藏山经传》卷一："泽更水即徽港。更，木燧也；泽，摩也。水东南至严州淳安县西折向东流六十余里，至县城南而南折，有武强溪水出其东折处之西南，东流少南，左受二水，环

蛊雕

曲而北注之，象执燧仰其掌，故曰泽更。其水又东至府治南，东注滂水也。"③漆吴山：《五藏山经传》卷一："漆吴，尾卷如漆，今镇海东金塘山也。"④博石：一种可以做棋子的彩色石头。⑤丘山：《五藏山经传》卷一："丘山，舟山也。"⑥次：停歇的意思。

结　语

原文

凡《南次二经》之首，自柜山至于漆吴之山，凡十七山，七千二百里。其神状皆龙身而鸟首。其祠：毛用一璧瘗，糈用稌。

第三列山脉

天虞山　祷过山

丹穴山　发爽山

旄　山　非　山

阳夹山　灌湘山

鸡　山　令丘山

仑者山　禺槀山

南禺山

天虞山　祷过山

《南次三经》之首，曰天虞之山[1]，其下多水，不可以上。

东五百里，曰祷过之山[2]，其上多金玉，其下多犀、兕（sì）[3]，多象。有鸟焉，其状如鸡（jiāo）[4]而白首，三足，人面，其名曰瞿如[5]，其鸣自号也。泿（yín）水[6]出焉，而南流注于海。其中有虎蛟，其状鱼身而蛇尾，其音如鸳鸯，食者不肿，可以已痔。

注释

[1]天虞山：《五藏山经传》卷一："天虞即庐山，为三天子都之一，东有七十二水，多瀑布，峰磴险峻，人踪罕及，故曰不可以上。"[2]祷过山：《五藏山经传》卷一："祷过之山，在达隆宗城东，名必达拉，祷过水形状稽颡也。"稽颡，古代一种跪拜礼，屈膝下拜，以额触地，表示极度的虔诚。[3]兕：传说中的一种兽。像牛，一角，皮厚；另一说是犀牛。[4]鸡：一种水鸟，腿长，头上长有红毛冠。《五藏山经传》卷一："鸡，

虎　蛟

鸡鸋也。"⑤瞿如：《五藏山经传》卷一："畏人，左右顾也，瞿如，貌三首而为名也。"⑥泿水：《五藏山经传》卷一："达穆楚河也，源自必达拉之西。"

丹穴山

原文

又东五百里，曰丹穴之山①，其上多金玉。丹水出焉，而南流注于渤海②，有鸟焉，其状如鸡，五采而文，名曰凤皇③。首文④曰德，翼文曰义，背文曰礼，膺（yīng）⑤文曰仁，腹文曰信。是鸟也，饮食自然，自歌自舞，见则天下安宁。

注释

①丹穴山：《五藏山经传》卷一："泛水既入澜沧后，南流百余里，东岸有地名擦喀巴，即丹穴。"②渤海：《五藏山经传》卷一："澜沧又南经云南境，至越南为富良江，入海广南湾，所谓渤海。"③凤皇：凤凰。④文：通"纹"。⑤膺：胸部。

凤 凰

发爽山 旄山

原文

又东五百里，曰发爽之山①，无草木，多水，多白猿。汎（fàn）水②出焉，而南流注于渤海。

又东四百里，至于旄（máo）山③之尾。其南有谷，曰育遗，多怪鸟，凯风④自是出。

注释

①发爽之山：《五藏山经传》卷一："匝楚里冈城东北百二十里，有楚克阡两池，象人目，故曰发爽。发爽，犹发视也。"②汎水：《五藏山经传》卷一："其水东南流，会西来之匝楚里冈山水，又东南入澜沧江，象游者之状，故曰汎水。"③旄山：《五藏山经传》卷一："河源诸小水象旄形，其

山是为旄山。旄山东南历金沙东岸而至里木山之东，当里楚河折而东流之，北岸是为旄山之尾。"④凯风：出自《诗经》："凯风自南，吹彼棘心。"南风，一般指柔和舒适的风。

非山　阳夹山　灌湘山

原文

又东四百里，至于非山之首①。其上多金玉，无水，其下多蝮虫。

又东五百里，曰阳夹之山②，无草木，多水。

又东五百里，曰灌湘之山③，上多木，无草；多怪鸟，无兽。

注释

①非山之首：《五藏山经传》卷一："里楚河流至里塘城东南折而南流，与其东之雅龙江相距五六十里，并行而南三百余里，两川间都无小水，是为非山。非犹违也，背也。非山之首盖在雅龙江西南流折而南之西。"②阳夹山：《五藏山经传》卷一："阳夹，胁在腹前也。山在打箭炉南六十里，其北三池为泸河源，北流东注大渡河。东南一源为什丹河，亦注大渡河。西南为霸拉河，注雅龙江。自此而南，循山发水左右分注，统号之曰阳夹也。"③灌湘山：《五藏山经传》卷一称为"灌湖射之山"："此水一川而三面皆湖水相灌注，是以曰灌湖射也。"

鸡　　山

原文

又东五百里，曰鸡山①，其上多金，其下多丹腹②。黑水出焉，而南流注于海。其中有鱄（zhuān）鱼③，其状如鲋（fù）④而彘毛，其音如豚⑤，见则天下大旱。

注释

①鸡山：《五藏山经传》卷一："鸡山在索克宗城，比近索克占旦索河，东北流折而西南，与黑水会，象鸡首也。喀喇河自此以下名色尔楚。唐古特语：色尔，金也；楚，水也。即鸡山多金之证矣。"②丹腹：可供涂饰的红色颜料。

《五藏山经传》卷一："膧，澒（gǒng）也。丹之青黑者得澒多，美丹得澒少。"澒，古同汞，即水银。③鳟鱼：传说中一种能鸣叫的怪鱼。《吕氏春秋·本味》："鱼之美者，洞庭之鳟，东海之鲕（ér）。"④鲋：鲫鱼。⑤豚：小猪。

鳟 鱼

令丘山

原文

又东四百里，曰令丘之山①，无草木，多火。其南有谷焉，曰中谷，条风②自是出。有鸟焉，其状如枭③，人面四目而有耳，其名曰颙（yóng），其鸣自号也，见则天下大旱。

注释

①令丘山：《五藏山经传》卷一："令丘即噶克布西北源，此水西联臧河象屋脊，故曰令。"②条风：东北风。《史记·律书》："条风居东北，主出万物。条之言条治万物而出之，故曰条风。"③枭：一种类似猫头鹰的猛禽。

仑者山

原文

又东三百七十里，曰仑者之山①，其上多金玉，其下多青雘。有木焉，其状如榖而赤理，其汗如漆②，其味如饴，食者不饥，可以释劳，其名曰白蓉（gāo）③，可以血玉。

注释

①仑者山：《五藏山经传》卷一："仑者之山在察木多西北，澜沧两水平行东南流，似仑亦似堵也。仑作册次合其竹也，堵，墙也，省作者。"②其汗如漆：《五藏山经传》作"其汁如漆"。《山海经笺疏》："《太平御览》五十卷引此经正作'汁'字。"③白蓉：郭璞注：皋苏。明《字汇补》："皋苏，木名。"

禹稾山　南禺山

原文

又东五百八十里，曰禹稾之山[1]，多怪兽，多大蛇。

又东五百八十里，曰南禺之山[2]，其上多金玉，其下多水，有穴焉，水出辄入[3]，夏乃出，冬则闭。佐水[4]出焉，而东南流注于海，有凤皇、鹓（yuān）雏（chú）[5]。

注释

[1]禹稾山：《五藏山经传》卷一："禹稾之山在工布札木达城南，噶克布河在东，象禹。工布河象所持空稾也。"禹，狒狒。稾，通"槁"，枯木。[2]南禺山：《五藏山经传》卷一："山在工布河西岸之撒皮塘塔拉。南禺，水形象禹而在南也。"[3]水出辄入：《五藏山经传》："即谓夏出冬闭也。"[4]佐水：《五藏山经传》卷一："即工布河入海处。"[5]鹓雏：传说中鸾凤一类的黄色的鸟。

鹓　雏

结　语

原文

凡《南次三经》之首，自天虞之山以至南禺之山，凡一十四山，六千五百三十里。其神皆龙身而人面。其祠：皆一白狗祈[1]，糈用稌。

右[2]《南经》之山志，大小凡四十山，万六千三百八十里。

注释

[1]祈：祈求，求福。[2]右：《山海经笺疏》："篇末此语盖校书者所题，故旧本皆亚于经。"袁珂："此疑是古经原有之总结。"

西山经

　　《西山经》记录了绵延在西方的四列山脉，总长约八千七百五十九千米，共七十七座山。在中国神话故事中，共工怒撞的不周山就在这里。玉山是西王母居住的地方，她在这里的形象是丑陋且可怕的，她管理天下的灾疫和刑罚。

第一列山脉

华　山	钱来山
松果山	太华山
小华山	符禺山
石脆山	英　山
竹　山	浮　山
羭次山	时　山
南　山	大时山
嶓冢山	天帝山
皋涂山	黄　山
翠　山	騩　山

华山　钱来山

原文

《西山经》华山之首，曰钱来之山①，其上多松，其下多洗石②。有兽焉，其状如羊而马尾，名曰羬（qián）羊③，其脂可以已腊（xī）④。

注释

①钱来山：《五藏山经传》卷二作"钱来之山"："钱来山在河南閺（wén）乡县西南辘轳关，弘农河首也。来旧讹作'来'。"閺，古同阌，阌乡，在今河南省灵宝。②洗石：《五藏山经传》卷二："濯足谓之洗。洗石，今名华蕊石，出华陕诸山中，屑之可治足缝出水，故名。"③羬羊：一种体形较大的羊。④腊：皮肤干燥皲裂。

羬　羊

松果山

原文

西四十五里，曰松果之山。濩（huò）水①出焉，北流注于渭，其中多铜。有鸟焉，其名曰螐（tóng）渠②，其状如山鸡，黑身赤足，可以已㿡（bào）③。

鸱渠

注释

①濩水：《五藏山经传》卷二："濩水，蒲谷水也。"②鸱渠：《五藏山经传》卷二："鸱渠，疑即水鸡。"③膔：皮肤皲裂、肿起。

太华山

原文

又西六十里，曰太华之山①。削成而四方，其高五千仞②，其广十里，鸟兽莫居。有蛇焉，名曰肥蟥（wèi）③，六足四翼，见则天下大旱。

注释

①太华山：今陕西省境内的西岳华山。②仞：古代七八尺为一仞。③肥蟥：即肥遗，《五藏山经传》卷二："凡大蛇及鸟之美者皆曰肥遗。"

肥遗蛇

小华山

原文

又西八十里，曰小华之山，其木多荆杞，其兽多㸲（zuó）牛①，其阴多磬石②，其阳多㻬（tū）琈（fú）之玉③。鸟多赤鷩（bì）④，可以御火。其草有萆（bì）荔⑤，状如乌韭⑥而生于石上，亦缘木而生，食之已心痛。

注释

①㸲牛：古时一种重达千斤的野牛。②磬石：敲击声音清脆的石头，可制乐器。③㻬琈：古人所称的一种玉。④赤鷩：红色的山鸡。鷩，山鸡。⑤萆荔：即薛荔。一种香草，可作药用。唐皮日休《忧赋》："其坚也龙泉不能割，其痛也萆荔不能瘳（chōu）。"⑥乌韭：麦门冬。

赤鷩

符禺山

原文

又西八十里，曰符禺之山[1]，其阳多铜，其阴多铁。其上有木焉，名曰文茎[2]，其实如枣，可以已聋。其草多条，其状如葵，而赤华黄实，如婴儿舌，食之使人不惑。符禺之水[3]出焉，而北流注于渭。其兽多葱聋，其状如羊而赤鬣。其鸟多鴖（mín），其状如翠而赤喙，可以御火。

注释

[1]符禺之山：《五藏山经传》卷二："禺性憨愚。遇者以筒竹授之则持而笑，笑则唇自蔽其面，因得脱走，此符禺山水之所取象也。"[2]文茎：《本草》名山茱萸。[3]符禺之水：《五藏山经传》卷二："水在今郿（méi）县西南曰苍龙谷，北流少东至县西入渭。"

葱聋

石脆山

原文

又西六十里，曰石脆之山，其木多棕（zōng）、枏，其草多条，其状如韭而白华黑实，食之已疥。其阳多琄珢之玉，其阴多铜。灌水出焉，而北流注于禺水。其中有流赭[1]，以涂牛马，无病。

注释

[1]流赭：清郝懿行《山海经笺疏》认为流赭就是《本草纲目》中的代赭石。

英　山

原文

又西七十里，曰英山，其上多杻橿（jiāng）[1]，其阴多铁，其阳多赤金。禹水出焉，北流注于招水，其中多鲜（bàng）鱼[2]，其状如鳖，其音如羊。其阳多箭䳕（mèi）[3]，其兽多㸲牛、羬羊。有鸟焉，其状如鹑（chún），黄身而赤喙，其名曰肥遗，食之已疠[4]，可以杀虫。

注释

①杻橿：杻，《朱熹集传》："叶似杏而尖，白色，皮正赤，其理多曲少直，材可为弓弩干者也。"橿，郭璞注《山海经》："橿中车材。"即适合制车的一种木材。②鲜鱼：古鱼名。③箭䳕：一种节长、皮厚、根深的竹子。④疠：恶疮，麻风病。

肥　遗

竹　山

原文

又西五十二里，曰竹山[1]，其上多乔木，其阴多铁。有草焉，其名曰黄藿（huán），其状如樗（chū）[2]，其叶如麻，白华而赤实，其状如赭，浴之已疥，又可以已胕（fú）[3]。竹水出焉，北流注于渭。其阳多竹箭，多苍玉。丹水出焉，东南流注于洛水，其中多水玉，多人鱼。有兽焉，其状如豚而白毛，大如笄[4]而黑端，名曰豪彘[5]。

注释

①竹山：《五藏山经传》卷二："竹山在今渭南县东南四十里，俗名箭谷岭。"②樗：臭椿树。③胕：浮肿。④笄：古代束发用的簪子。⑤豪彘：大野猪。

豪 彘

浮 山

原文

又西百二十里，曰浮山①，多盼木，枳（zhǐ）②叶而无伤，木虫居之。有草焉，名曰熏草，麻叶而方茎，赤华而黑实，臭（xiù）如蘼（mí）芜③，佩之可以已疠。

注释

①浮山:《五藏山经传》卷二:"浮山在蓝田县南牧护关,灞水所出,即秦岭北麓也。……汤嚚二水象人游水之形,又象败屈者跪而有言之状,故山得浮名。"②枳:枳树,也称"枸橘"。叶子上有刺。③蘪芜:一种香草。④肥遗:前文已注,古人将蛇或鸟大而美者皆称肥遗,这里说的是一种鸟。

羭 次 山

原文

又西七十里,曰羭(yú)次之山①,漆水出焉,北流注于渭。其上多棫(yù)②橿,其下多竹箭,其阴多赤铜,其阳多婴垣(yuán)之玉③。有兽焉,其状如禺而长臂,善投,其名曰嚣。有鸟焉,其状如枭,人面而一足,曰橐𩇯(féi),冬见夏蛰,服之不畏雷。

注释

①羭次山:《五藏山经传》卷二:"山在盩(zhōu)厔(zhì)县南,有黑水三泉奇发,言归一渎,西北合就水入渭,即漆水也。山之西北即盩厔河,象羭,此水为其次也。"羭,母羊。②棫:一种矮小丛生的树,茎上有刺,果实紫红色。③婴垣之玉:《五藏山经传》卷二:"即今白石英也。"

橐𩇯

时山　南山

原文

又西百五十里，曰时山①，无草木。逐水出焉，北流注于渭，其中多水玉。

又西百七十里，曰南山②，上多丹粟。丹水出焉，北流注于渭。兽多猛豹，鸟多尸鸠③。

注释

①时山：《五藏山经传》卷二："时山，即太乙山，今名大岭，狗加川水出其东，即家水也。"②南山：《五藏山经传》卷二："南山在兴平县南。秦岭自西东走，群支曲折散出，唯此山正南行二百里讫于宁陕，故独受南称。赤水出于其西，即丹水也。"③尸鸠：《诗经》中写作鸤鸠，即布谷鸟。

大 时 山

原文

又西百八十里，曰大时之山①，上多穀柞（zuò）②，下多杻橿。阴多银，阳多白玉。涔（cén）水③出焉，北流注于渭。清水出焉，南流注于汉水。

注释

①大时山：《五藏山经传》卷二："山在宝鸡益门镇之正南，当煎茶坪之东南，为秦岭之首。其北清水河所出，南即襃水、西次二源所出也。"此山《五藏山经传》记在石脆山后。②柞：落叶乔木，高可达30米。也叫柞栎。③涔水：《五藏山经传》卷二："襃水四源平列，相去各二十余里，或三十里，并南流而合，如人竖指之状，故谓之涔。涔从岑，山小而高，象人竖指也。"

嶓冢山

原文

　　又西三百二十里，曰嶓（bō）冢之山[1]，汉水出焉，而东南流注于沔（miǎn）[2]；嚣水出焉，北流注于汤水。其上多桃枝、钩端，兽多犀、兕、熊、罴，鸟多白翰、赤鳖。有草焉，其叶如蕙，其本如桔梗，黑华而不实，名曰菁（gū）蓉[3]，食之使人无子。

注释

　　[1]嶓冢山：郭璞注："今在武都氏道南。"《山海经笺疏》："山在今甘肃秦州西南六十里。"[2]东南流注于沔：《山海经笺疏》："《地理志》云'东汉水受氐道水'，即此经'东南流注于沔'矣。"[3]菁蓉：一种只开花不结果的植物。

天帝山

原文

　　又西三百五十里，曰天帝之山[1]，上多椶枏，下多菅蕙。有兽焉，其状如狗，名曰溪边，席其皮者不蛊。有鸟焉，其状如鹑，黑文而赤翁[2]，名曰栎[3]，食之已痔。有草焉，其状如葵，其臭如蘼芜，名曰杜衡[4]，可以走马，食之已瘿（yǐng）。

注释

　　[1]天帝山：《五藏山经传》记为"天带之山"："天带之山在固原州，西踞苦水河首，水两源，南流若倒带，故名。"[2]翁：鸟颈部的毛。[3]栎：应为鸭（luò），似雕，赤首。[4]杜衡：叶子像马蹄，古人认为使用它可以让马跑得快。

栎

皋涂山

原文

西南三百八十里，曰皋涂之山[1]，蔷水出焉，西流注于诸资之水；涂水出焉，南流注于集获[2]之水。其阳多丹粟，其阴多银、黄金，其上多桂木。有白石焉，其名曰礜（yù）[3]，可以毒鼠。有草焉，其状如藁（gǎo）茇（bá）[4]，其叶如葵而赤背，名曰无条，可以毒鼠。有兽焉，其状如鹿而白尾，马足人手而四角，名曰獇（jué）如。有鸟焉，其状如鸱而人足，名曰数斯，食之已瘿。

注释

①皋涂山：《五藏山经传》卷二："皋涂之山在今秦州清水县北陇城关。其北马落川所出，西流注苦水河；南则长家川所出，西南注集翅河，并南入渭。皋涂下多泥涂也。"《史记·索隐》作鼻涂。②集获：《五藏山经传》作"集蕦"："集蕦，鸷（zhì）鸟下集也"。③礜：礜石，一种有剧毒的矿石，别名毒砂，是制砷和亚砷酸的原料。④藁茇：一种香草，根茎可以入药。

獇如

黄山

原文

又西百八十里，曰黄山[1]，无草木，多竹箭。盼水出焉，西流注于赤水，其中多玉。有兽焉，其状如牛而苍黑大目，其名曰㺎（mǐn）[2]。有鸟焉，其状如鸮，青羽赤喙，人舌能言，名曰鹦鹉（mǔ）[3]。

①黄山：郭璞注："今始：平槐里县有黄山，上故有宫，汉惠帝所起。疑非此。"《五藏山经传》卷二："黄山，兰州靖远县东百七十里之沙石原也。"②㸲：一种小野牛。③鷐：鹑的异体字。

翠　　山

原文

又西二百里，曰翠山①。其上多椶枏，其下多竹箭。其阳多黄金、玉，其阴多旄牛、麢（líng）②、麝（shè）③。其鸟多鸓（lěi），其状如鹊，赤黑而两首、四足，可以御火。

注释

①翠山：《五藏山经传》卷二："翠山在镇羌营西北古城土司地，庄浪河出其南，东流循长城而东南而南注黄河。古浪河出其北，东流而循长城而东北出塞，潴为白海。两源形似鸟翠，故山受其名。"②麢：即羚羊。③麝：香獐。

鸓鸟

騩　　山

原文

又西二百五十里，曰騩（guī）山①，是錞（chún）于②西海，无草木，多玉。凄水出焉，西流注于海，其中多采石、黄金，多丹粟。

注释

①䮝山：《五藏山经传》卷二："马人立谓之䮝。䮝山自大通河以西、湟水以东皆是也。"②錞于：《五藏山经传》："錞者，屈注之义也。"这里是处于的意思。

结　语

原文

凡《西经》之首，自钱来之山至于䮝山，凡十九山，二千九百五十七里。华山，冢①也，其祠之礼：太牢②。羭（yú）山，神也，祠之用烛，斋百日以百牺，瘗用百瑜，汤③其酒百樽，婴④以百珪百璧。其余十七山之属，皆毛牷（quán）⑤，用一羊祠之。烛者，百草之未灰，白席，采等⑥纯之。

注释

①冢：《山海经笺疏》："神与冢者，冢大于神。"《尔雅·释山》云：山顶，冢。"②太牢：古时祭祀，牛、羊、猪三牲齐备才称为太牢。③汤：通"烫"。④婴：悬挂。⑤牷：色纯，完整。⑥等：等差，等级。

第二列山脉

铃　山　　泰冒山

数历山　　高　山

女床山　　龙首山

鹿台山　　鸟危山

小次山　　大次山

薰吴山　　厗阳山

众兽山　　皇人山

中皇山　　西皇山

莱　山

铃山　泰冒山

原文

　　《西次二经》之首，曰铃山①，其上多铜，其下多玉，其木多杻橿。
西二百里，曰泰冒之山②，其阳多金，其阴多铁。洛水出焉，东流注
于河，其中多藻玉③，多白蛇④。

注释

　　①铃山：《五藏山经传》卷二："户屈戌谓之铃。铃山在今鄜（fū)
州西张村驿，有清水河出西北百里，合两大源东南流经驿北而南注洛水，
状屈戌形，故名。"屈戌儿，铜制或铁制的带两个脚的小环儿，成对地钉
在抽屉正面或箱子侧面。②泰冒山：《五藏山经传》卷二："泰冒，洛南
源所出也。"③藻玉：带有彩色纹理的玉石。④白蛇：白色的水蛇。

泰冒白蛇

数历山　高山

原文

　　又西一百七十里，曰数历之山①。其上多黄金，其下多银。其木多杻橿，其鸟多鹦鹉。楚水②出焉，而南流注于渭，其中多白珠。

　　又西北五十里，高山③。其上多银，其下多青碧④、雄黄。其木多棪，其草多竹。泾水⑤出焉，而东流注于渭，其中多磬石、青碧。

注释

　　①数历之山：《五藏山经传》卷二："数历，子午山南分水岭也。自岭而南，其西注泾诸川四源均列，象积禾，故曰数历。历者，数积禾也。其川即程水矣。"②楚水：《五藏山经传》卷二："楚当作潝，即沮水。"③高山：《五藏山经传》卷二："高山在邠州北四十余里，今曰抚琴山，暖泉所发。"④青碧：青绿色的玉石。⑤泾水：《五藏山经传》卷二："泾，迳也，过也。……乃正源每进辄过，故是水旁源通，可名泾水。"

女床山

　　西南三百里，曰女床之山^①。其阳多赤铜，其阴多石涅（niè）^②，其兽多虎、豹、犀、兕。有鸟焉，其状如翟^③而五采文^④，名曰鸾鸟，见则天下安宁。

　　①女床之山：《五藏山经传》卷二："女床之山在凤翔府西，雍水所枕也。"②石涅：石墨。③翟：长尾山鸡。④五采文：即五彩纹。

鸾　鸟

龙首山　鹿台山

原文

又西二百里，曰龙首之山[①]。其阳多黄金，其阴多铁。苕（tiáo）水[②]出焉，东南流注于泾水，其中多美玉。

又西二百里，曰鹿台之山[③]。其上多白玉，其下多银，其兽多炸牛、臧羊、白豪。有鸟焉，其状如雄鸡而人面，名曰凫徯（xī），其鸣自叫也，见则有兵。

注释

[①]龙首之山：《五藏山经传》卷二："龙首之山在今陇州西北白岩铺之北，所谓陇头也。"[②]苕水：《五藏山经传》卷二作"召水"："其北柳家河出焉，东流右合二源象手招之形，故曰召水。"[③]鹿台之山：《五藏山经传》卷二："鹿台山在静宁州东曹务镇，镇北有好水河，东自隆德县合四源西南流，象鹿首角。镇西一水西流入之，象鹿之阴，故曰鹿台。今沁水县南桑林河所出之山，古名鹿台山，取象与此同也。"

凫徯

鸟危山　小次山

原文

西南二百里，曰鸟危之山[①]。其阳多磬石，其阴多檀楮，其中多女床[②]。鸟危之水出焉，西流注于赤水，其中多丹粟。

又西四百里，曰小次之山[③]。其上多白玉，其下多赤铜。有兽焉，其状如猿而白首赤足，名曰朱厌，见则大兵。

注释

①鸟危之山：《五藏山经传》卷二："屈吴之山东南四十里许为道安古城，有三水合西流象鸟翼，西会玉河，又西北注消河，即首经劳水所注之赤水也。翼谓之危者，张若人升危也。"②女床：女床草。③小次之山：《五藏山经传》卷二："今温泉山也。"

朱厌

大次山　薰吴山

原文

又西三百里，曰大次之山①。其阳多垩（è）②，其阴多碧。其兽多牦牛、麢羊。

又西四百里，曰薰吴之山③。无草木，多金玉。

注释

①大次之山：《五藏山经传》卷二："大次山在今渭源县北，石井所并以水形得名。"②垩：可用来涂饰的有色泥土。③薰吴之山：《五藏山经传》卷二："薰，炙手也，古作'熏'。吴，音虞，哗也。山在今且隆城以西，其南洮阳诸水象火炽，其北大夏诸源象炙手也。"

厎阳山　众兽山　皇人山

原文

又西四百里，曰厎（zhǐ）阳之山[1]。其木多椶（jì）[2]、枏、豫章[3]。其兽多犀、兕、虎、豹（zhuó）[4]、㸲牛。

又西二百五十里，曰众兽之山[5]。其上多㻬琈之玉，其下多檀楮，多黄金。其兽多犀、兕。

又西五百里，曰皇人之山[6]。其上多金玉，其下多青、雄黄。皇水出焉，西流注于赤水，其中多丹粟。

注释

[1]厎阳之山：《山海经笺疏》："厎当为底字之讹。"《五藏山经传》卷二作"底阳之山"："底同砥。砥阳，砥水之阳也。砥水在河曲北岸，今大哈柳图河也。导源小图尔根山，东流南折而西受北来二小水，又西南屈曲，西入河，其形似砥刃之状。"[2]椶：树名，也称水松，形状像松树，有刺，有很细的纹理。[3]豫章：古书上记载的一种树名。一说即今之樟树。[4]豹：古书中记载的一种野兽，身上有类似豹的花纹。[5]众兽之山：《五藏山经传》卷二："今为阿穆尼达尔嘉山，在西宁府南二百里。"[6]皇人之山：《五藏山经传》卷二："皇，同煌，即今之石流黄，此经所谓青雄黄也。皇人之山，今名喀尔藏岭，明《志》谓之热水山，在青海东北。"石流黄，即硫黄。

中皇山　西皇山　莱山

原文

又西三百里，曰中皇之山[1]。其上多黄金，其下多蕙、棠。

又西三百五十里，曰西皇之山[2]。其阳多金，其阴多铁。其兽多麋[3]、鹿、㸲牛。

又西三百五十里，曰莱山[4]。其木多檀楮。其鸟多罗罗，是食人。

注释

①中皇之山：《五藏山经传》卷二："山在大通河北岸直肃州东南三百里阿木尼冈喀尔山之脊也，盖亦以生煌得名。"②西皇之山：《五藏山经传》卷二："山在今嘉峪关东五十余里，俗呼硫磺山。"③麋：俗称"四不像"，我国的特产动物，野生麋现在很难见到。④莱山：《五藏山经传》卷二："即阴得尔图拉山也。莱，草名，叶似麦，实如青珠，其根医家名麦门冬，洮水众流象之。"

罗罗

总 结

原文

凡《西次二经》之首，自钤山至于莱山，凡十七山，四千一百四十里。其十神者，皆人面而马身。其七神，皆人面牛身，四足而一臂，操杖以行，是为飞兽之神。其祠之：毛用少牢①，白菅为席。其十辈②神者，其祠之：毛一雄鸡，钤而不糈，毛采③。

注释

①少牢：古代祭祀时只用猪和羊就为少牢。②辈：类，如我辈。十辈神，指十位山神。③采：同"彩"，不纯。

第三列山脉

崇吾山　长沙山

不周山　峚　山

钟　山　泰器山

槐江山　昆仑山

乐游山　嬴母山

玉　山　轩辕山

积石山　长留山

章莪山　阴　山

符惕山　三危山

𫘝　山　天　山

渤　山　翼望山

崇 吾 山

原文

《西次三经》之首，曰崇吾之山[1]，在河之南，北望冢遂[2]，南望𥉫（yáo）之泽[3]，西望帝之搏兽之丘[4]，东望蝹（yán）渊[5]。有木焉，员叶而白柎[6]，赤华而黑理，其实如枳，食之宜子孙。有兽焉，其状如禺而文臂，豹虎而善投，名曰举父。有鸟焉，其状如凫，而一翼一目，相得乃飞，名曰蛮蛮[7]，见则天下大水。

注释

[1]崇吾山：《五藏山传》卷二："崇吾，阜康至济木沙诸水导源南山，北伏沙中，象崇牙也。牙、吾古音同。山今名布克达山也。"崇，高。[2]冢遂：《五

藏山经传》卷二："碛北之拜塔克山也。"③峣之泽：《五藏山经传》卷二："达布逊池及西一池，象两舟相过也，汉世名为牾船也。峣，舟子之歌也。"④搏兽之丘：《五藏山经传》卷二："即乌鲁木齐，准语谓格斗曰乌鲁木齐也。"准语，明清时厄鲁特蒙古准噶尔部语。⑤蝄渊：《五藏山经传》卷二："奇台东西小水二十余，皆北流，遇沙而伏，象群蛇也。"⑥柎：花萼。⑦蛮蛮：传说中的比翼鸟。

举 父

长沙山　不周山

原文

西北三百里，曰长沙之山①。泚水②出焉，北流注于泑（yōu）水③。无草木，多青、雄黄。

又西北三百七十里，曰不周之山④。北望诸毗之山，临彼岳崇之山，东望泑泽，河水所潜也，其原浑浑（gǔn）泡泡（páo）⑤。爰有嘉果，其实如桃，其叶如枣，黄华而赤柎，食之不劳。

注释

①长沙山：《五藏山经传》卷二："长沙，恒山以东山也，其阴多沙。"②泚水：《五藏山经传》卷二："泚水即淫水，西北流折而北注淖尔，状足此庚。"③泑水，一条青黑色的河流。④不周山：《五藏山经传》卷二："不周，今博罗塔拉诸山也。"⑤浑浑泡泡：大水涌流出来的样子。

峚　山

原文

　　又西北四百二十里，曰峚（mì）山[1]，其上多丹木，员叶而赤茎，黄华而赤实，其味如饴（yí），食之不饥。丹水出焉，西流注于稷泽[2]。其中多白玉，是有玉膏，其原沸沸（fèi）汤汤（shāng）[3]，黄帝是食是飨[4]。是生玄玉，玉膏所出，以灌丹木。丹木五岁，五色乃清，五味乃馨。黄帝乃取峚山之玉荣，而投之钟山之阳。瑾瑜之玉为良，坚栗精密，浊泽有而光。五色发作，以和柔刚。天地鬼神，是食是飨；君子服之，以御不祥。自峚山至于钟山，四百六十里，其间尽泽也。是多奇鸟、怪兽、奇鱼，皆异物焉。

注释

　　[1]峚山：《五藏山经传》卷二："密山，哈什河源之喀拉古颜山也。"唐李善注《南都赋》引此经时用"密"字。[2]稷泽：郭璞注："后稷神所凭，因名云。"[3]沸沸汤汤：河水奔流的样子。[4]飨：通"享"，享用。

钟　山

原文

　　又西北四百二十里，曰钟山[1]。其子曰鼓，其状如人面而龙身，是与钦䲹（pī）[2]杀葆江[3]于昆仑之阳，帝乃戮之钟山之东，曰崾崖[4]。钦䲹化为大鹗（è）[5]，其状如雕而黑文白首，赤喙（huì）而虎爪，其音如晨鹄[6]，见则有大兵；鼓亦化为鵕（jùn）鸟，其状如鸱，赤足而直喙，黄文而白首，其音如鹄，见即其邑（yì）大旱。

注释

①钟山：《五藏山经传》卷二："伊犁河南岸自特克斯会口以西总名曰钟山。"②钦䲹：神话传说中一种人面兽形的神。③葆江：《山海经笺疏》作"祖江"。李善注《思玄赋》也引作"祖江"。④崿崖：《五藏山经传》卷二作"瑶岸"："瑶岸即沙拉博霍齐岭，在会口之西北临河之上。"⑤鹗：鱼鹰。⑥晨鹄：鱼鹰类。

鹘鸟

泰器山

原文

又西百八十里，曰泰器之山①。观水②出焉，西流注于流沙。是多文鳐（yáo）鱼，状如鲤鱼，鱼身而鸟翼，苍文而白首赤喙，常行西海，游于东海，以夜飞。其音如鸾鸡，其味酸甘，食之已狂，见则天下大穰（ráng）③。

注释

①泰器之山：《山海经笺疏》："李善注《吴都赋》引此经作秦器之山。"《五藏山经传》卷二："泰器之山，扣肯布拉克山也。"②观水：《五藏山经传》卷二作"灌水"："灌者，溺沃之义。"③穰：庄稼丰收。

文鳐

槐 江 山

原文

又西三百二十里，曰槐江之山[1]。丘时之水出焉，而北流注于泑水。其中多蠃母[2]，其上多青、雄黄，多藏琅（láng）玕（gān）[3]、黄金、玉，其阳多丹粟，其阴多采黄金、银。实惟帝之平圃[4]，神英招司之，其状马身而人面，虎文而鸟翼，徇于四海，其音如榴。南望昆仑，其光熊熊，其气魂魂。西望大泽[5]，后稷所潜也。其中多玉，其阴多榣木[6]之有若。北望诸毗，槐鬼离仑居之，鹰鹯（zhān）之所宅也。东望桓山四成，有穷鬼居之，各在一抟（tuán）[7]。爰有淫水，其清洛洛。有天神焉，其状如牛，而八足二首马尾，其音如勃皇[8]，见则其邑有兵。

注释

①槐江之山：《五藏山经传》卷二："槐江即沙尔巴克图河，东北流注喀拉塔拉额西柯淖尔。"②蠃母："蠃"同"螺"，也作螺母，一种贝类动物。③多藏琅玕：《五藏山经传》将藏写作"臧"。《山海经笺疏》："臧，善也。此言琅玕、黄金、玉之最善者。"琅玕：玛瑙。④平圃：玄圃，传说为天神所居。⑤大泽：《五藏山经传》卷二："大泽即巴勒喀什淖尔。巴勒喀什即布尔哈斯，如云黄

槐江山神

玉池也。此泽东西袤八百余里，南北广处二百余里，狭处百余里，中有三山，以其为后稷之神所潜，因名曰稷泽焉。"⑥榣木：郭璞注："榣木，大木也。言其上复生若木。大木之奇灵者为若，见《尸子》。"⑦抟：同"团"。⑧勃皇：蚂蚱类昆虫，鸣声大。

昆仑山

原文

　　西南四百里，曰昆仑之丘①，是实惟帝之下都，神陆吾②司之。其神状虎身而九尾，人面而虎爪。是神也，司天之九部③及帝之囿④时。有兽焉，其状如羊而四角，名曰土蝼，是食人。有鸟焉，其状如蜂，大如鸳鸯，名曰钦原，蠚（hē）⑤鸟兽则死，蠚木则枯。有鸟焉，其名曰鹑鸟⑥，是司帝之百服。有木焉，其状如棠，黄华赤实，其味如李而无核，名曰沙棠，可以御水，食之使人不溺。有草焉，名曰薲（pín）草，其状如葵，其味如葱，食之已劳。河水出焉，而南流东注于无达。赤水出焉，而东南流注于汜（sì）天之水。洋水出焉，而西南流注于丑涂之水。黑水出焉，而西流于大杅（yú）。是多怪鸟兽。

注释

　　①昆仑之丘：即昆仑山，《五藏山经传》卷二："昆仑之丘在今绥来县南，其北为玛纳斯河所出。"②陆吾：郭璞注："即肩吾也。庄周曰'肩吾得之，以处大山'也。"③九部：古代传说中九域之地。④囿：古时帝王畜养鸟兽的园林。⑤蠚：蜂、蝎子等用毒刺刺人或动物。⑥鹑鸟：凤凰类神鸟。

乐游山　赢母山

原文

　　又西三百七十里，曰乐游之山。桃水①出焉，西流注于稷泽，是多白玉。其中多鲑（huá）鱼，其状如蛇而四足，是食鱼。

　　西水行四百里，曰流沙，二百里至于赢母之山②，神长乘司之，是天之九德也。其神状如人而豹尾。其上多玉，其下多青石而无水。

长乘

注释

①桃水：《五藏山经传》卷二："桃水今名洮赖图河。《穆天子传》作'滔水'。"②嬴母之山：《五藏山经传》卷二："嬴母者，车里克西诸水象嬴形。"山因水得名。

玉　　山

原文

又西三百五十里，曰玉山①，是西王母所居也。西王母其状如人，豹尾、虎齿而善啸，蓬发戴胜②，是司天之厉及五残③。有兽焉，其状如犬而豹文，其角如牛，其名曰狡，其音如吠犬，见则其国大穰。有鸟焉，其状如翟而赤，名曰胜遇，是食鱼，其音如录，见则其国大水。

胜　遇

注释

①玉山：《五藏山经传》卷二："玉山，哈什塔克山也，为哈什塔克河所出，东北入伊犁河，又北百里注巴勒喀什淖尔。"②胜：用玳瑁或玉做成的首饰，类似妇女头上戴的发簪。③厉及五残：《山海经笺疏》："'厉'及'五残'皆星名。"古人认为厉和五残星出，国家则有不吉之事。

轩辕山　积石山

原文

又西四百八十里，曰轩辕之丘①，无草木。洵水出焉，南流注于黑水，其中多丹粟，多青、雄黄。

又西三百里，曰积石之山②，其下有石门，河水冒以西南流。是山也，万物无不有焉。

注释

①轩辕之丘：即轩辕山，《五藏山经传》卷二："河套之北自博托河以东皆曰轩辕之丘，河流象轩辕也。"轩辕是古代传说中的上古帝王，即黄帝。

②积石之山：《禹贡》："导河积石，至于龙门，入于海。"禹所积石之山，在青海南部。

长留山　章莪山

原文

又西二百里，曰长留之山①，其神白帝少昊②居之。其兽皆文尾，其鸟皆文首。是多文玉石。实惟员神魂（wěi）氏③之宫。是神也，主司反景。

又西二百八十里，曰章莪（é）④之山。无草木，多瑶、碧。所为甚怪。有兽焉，其状如赤豹，五尾一角，其音如击石，其名曰狰。有鸟焉，其状如鹤，一足，赤文青质而白喙，名曰毕方，其鸣自叫也，见则其邑有讹（é）火⑤。

注释

①长留之山：《五藏山经传》卷二："伊犁塔勒奇城北百里有谷曰果子沟，长七十里。为伊犁驿程所经，岭上出泉，南会众流出。山曰乌里雅苏图，水峡流迅急，跨桥四十有二，故长留所由纳称也。"②少昊：远古华夏东夷部落的首领，黄帝长子，母亲为嫘祖。③魂氏：古山神。④章莪：《五藏山经传》卷二作"章我"："章我察林河口以东山也。"⑤讹火：怪火，野火。

毕方

阴山 符惕山

原文

又西三百里，曰阴山[1]。浊浴之水[2]出焉，而南流注于蕃泽[3]，其中多文贝。有兽焉，其状如狸而白首，名曰天狗，其音如榴榴，可以御凶。

又西二百里，曰符惕（yáng）之山[4]。其上多棕枏，下多金玉。神江疑居之。是山也，多怪雨，风云之所出也。

注释

[1]阴山：《五藏山经传》卷二："阴山即图尔根源之都兰哈喇山。"与《西三经》第四列之阴山非同一山。[2]浊浴之水：《五藏山经传》卷二："诸水并秽，恶不可食，故曰浊浴之水。"[3]蕃泽：《五藏山经传》卷二："苇荡也。"[4]符惕之山：《五藏山经传》卷二作"符阳"："伊犁河自察林河口西北流百余里，得巴克岭，连山百里，至车里克河口，即符阳之山也。巴克，回语谓丛林也。车里克河即符水，山在其东，故曰符阳。符者，水形似剖竹也。"

天 狗

三 危 山

原文

又西二百二十里，曰三危之山[1]，三青鸟[2]居之。是山也，广员百里。其上有兽焉，其状如牛，白身四角，其豪如披蓑，其名曰徼（ào）狠（yē），是食人。有鸟焉，一首而三身，其状如鸦，其名曰鸱。

注释

[1]三危之山：《五藏山经传》卷二："昆仑之西也。……阿什木河合四水自西南来，会又北出山口分为三，北入苇泽而止，象三鸟翼，故曰三危。"[2]三青鸟：传说中的一种鸟，负责为西王母取食。

騩山　天山

又西一百九十里，曰騩山①，其上多玉而无石。神耆（qí）童居②之，其音常如钟磬。其下多积蛇。

又西三百五十里，曰天山③，多金玉，有青、雄黄。英水出焉，而西南流注于汤谷。有神焉，其状如黄囊，赤如丹火，六足四翼，浑敦无面目，是识歌舞，实惟帝江（hóng）也。

①騩山：《五藏山经传》卷二："騩山，昌吉县南之孟克图岭及其西之呼图必山也，有罗克伦河、呼图必河并北流而会，又西北合南来诸水注额彬格逊池，象騩形，故名呼图必，译言有鬼也。"②耆童：传说是中上古帝颛顼的儿子。③天山：《五藏山经传》卷二："天山当西域东西之中，小裕勒都斯河所出也。"

帝江

泑　　山

又西二百九十里，曰泑山①，神蓐收居之。其上多婴短之玉，其阳多瑾、瑜之玉，其阴多青、雄黄。是山也，西望日之所入，其气员，神红光②之所司也。

①泑山：《五藏山经传》卷二："长沙西北也，泑山因泽纳称。在晶河口不周支麓尽处。"《山海经笺疏》："《尚书大传》云'宅西曰柳谷'，案陇

西郡有西县。此为寅饯入日之地。'柳''渤'之声又相近。疑'柳谷'即'渤山'矣。"寅饯，恭敬送行的意思。②红光：《山海经笺疏》："盖即蓐收也。"

翼望山

原文

西水行百里，至于翼望之山①。无草木，多金玉。有兽焉，其状如狸，一目而三尾，名曰讙（huān），其音如夺（duó）百声，是可以御凶，服之已瘅（dàn）②。有鸟焉，其状如乌，三首六尾而善笑，名曰鵸（qí）鵌（tú），服之使人不厌（yǎn）③，又可以御凶。

注释

①翼望之山：《五藏山经传》卷二："自西视之又象偃寝者据掌而仰其首，故曰翼望也。"②瘅：通"疸"，即黄疸。③厌：通"魇"，梦魇，即噩梦。

结 语

原文

凡《西次三经》之首，崇吾之山至于翼望之山，凡二十三山，六千七百四十四里。其神状皆羊身人面。其祠之礼：用一吉玉瘗，糈用稷米①。

注释

①稷米：粟，谷子，五谷之一。

第四列山脉

阴　　山	劳　　山
罢父山	申　　山
鸟　　山	上申山
诸次山	号　　山
盂　　山	白於山
申首山	泾谷山
刚　　山	刚山尾
英鞮山	中曲山
邽　　山	鸟鼠同穴山
崦嵫山	

阴　　山

原文

《西次四经》之首，曰阴山①。上多榖，无石，其草多茆（mǎo）、蕃②。阴水出焉，西流注于洛。

注释

①阴山：《五藏山经传》卷二："以阴水名，今澄城县西南掬铃泉也，其北亦有甘泉，与雕阴之甘泉同名，故旧说或指雕山为阴山矣。"②茆、蕃：茆，孔颖达疏："茆……江南人谓之莼菜。"蕃，同"蘋"，即青蘋。

劳山　罢父山

原文

　　北五十里，曰劳山[1]，多茈草。弱水[2]出焉，而西流注于洛。

　　西五十里，曰罢父之山[3]。洱（ěr）水出焉，而西流注于洛，其中多茈、碧。

注释

　　[1]劳山：《五藏山经传》卷二将此山记在罢父山后。[2]弱水：《五藏山经传》卷二："弱同溺。溺水即甘泉，西南流会阴水注洛。"[3]罢父之山：《五藏山经传》卷二记为"罢谷山"："罢劳并，言艰行也。山在澄城东北，其水曰大谷河，即洱水也。南流西注洛，形如珥。"

申山　鸟山

原文

　　北百七十里，曰申山[1]。其上多榖柞，其下多杻橿，其阳多金玉。区水[2]出焉，而东流注于河。

　　北二百里，曰鸟山[3]。其上多桑，其下多楮。其阴多铁，其阳多玉。辱水[4]出焉，而东流注于河。

注释

　　[1]申山：《五藏山经传》卷二："申山在洛川县东五十里，有丹阳水东流，又东北右合朱砂岭水，两川若垂绅之厉，故名。"古申字像官帽的纽祥。[2]区水：《五藏山经传》卷二："又东北银川水合众流自西北来会，总名曰区水也。"[3]鸟山：《五藏山经传》卷二："甘泉县东北有野猪歧泉水，西有甘泉水，东有准利川水，交会于洛，象飞鸟形，鸟山即野猪歧山也。"[4]辱水：《五藏山经传》卷二："浊筋河出其东北，北会延水，东流注河，即辱水也。"

上申山

原文

又北二十里，曰上申之山①。上无草木而多硌（luò）石②，下多榛楛③，兽多白鹿。其鸟多当扈（hù），其状如雉，以其髯（rán）飞，食之不眴（shùn）目。汤水出焉，东流注于河。

注释

①上申之山：《五藏山经传》卷二："申山北也。上申与天带义同。银川两源所发即汤水也。" ②硌石：专指山上的大石。③楛：茎坚韧，可以用作箭杆。

当 扈

诸次山　号山

原文

又北八十里，曰诸次之山①，诸次之水出焉，而东流注于河。是山也，多木无草，鸟兽莫居，是多众蛇。

又北百八十里，曰号山②。其木多漆、椶，其草多药③、虈（xiāo）、芎（xiōng）䓖（qióng）。多泠（gàn）石④。端水⑤出焉，而东流注于河。

注释

①诸次之山：《五藏山经传》卷二："延安府北神木山也，有雷公川东南合潘陵川南入延水而东注河，即诸次水。" ②号山：《五藏山经传》卷二："出安定县西北之灌清谷即号山。"③药：白芷的别称。④泠石：一种质地柔软的石头。⑤端水：《五藏山经传》卷二："今秀延河。"

孟山　白於山　申首山　泾谷山

原文

又北二百二十里，曰孟山。其阴多铁，其阳多铜。其兽多白狼、白虎，其鸟多白雉、白翟。生水①出焉，而东流注于河。

西二百五十里，曰白於之山②。上多松柏，下多栎檀。其兽多㹀牛、羬羊，其鸟多鸮。洛水出于其阳，而东流注于渭；夹水出于其阴，东流注于生水。

西北三百里，曰申首之山③。无草木，冬夏有雪。申水出于其上，潜于其下，是多白玉。

又西五十五里，曰泾谷之山④。泾水出焉，东南流注于渭，是多白金、白玉。

注释

①生水：《五藏山经传》卷二："两水并象草茁之形，故曰生水。"②白於之山：《五藏山经传》卷二："号山西也，洛正源所出也。人寐目上反谓之白。白於，洛源诸水象死鸟仰卧也。洛本作雒，水又象鸟被啄仰地急鸣也。"③申首之山：《五藏山经传》卷二作"由首"："由首，由水之首也，今水名把都河。把都一作巴图，蒙古语坚实也，言地刚卤故无草木。"④泾谷之山：《五藏山经传》卷二："山在定边县南天池铺，泾水正源所发。"

刚山　刚山尾

原文

又西百二十里，曰刚山①。多柒木，多㻬琈之玉。刚水出焉，北流注于渭。是多神魑（chì）②，其状人面兽身，一足一手，其音如钦③。

又西二百里，至刚山之尾④。洛水出焉，而北流注于河。其中多蛮蛮⑤，其状鼠身而鳖首，其音如吠犬。

注释

①刚山：《五藏山经传》卷二："山在庆阳府铁边城西北。"②神魑：传说中的厉鬼。③钦：通"吟"，打呵欠。④刚山之尾：《五藏山经传》："刚山之尾在今山城驿。"⑤蛮蛮：水獭一类的野兽，因雄雌总在一起如比翼鸟，所以也称蛮蛮。

蛮蛮

英鞮山

原文

又西三百五十里，曰英鞮（dī）之山①。上多漆木，下多金玉，鸟兽尽白。浼（yuān）水②出焉，而北流注于陵羊之泽。是多冉遗③之鱼，鱼身蛇首六足，其目如马耳，食之使人不眯④，可以御凶。

注释

①英鞮之山：《五藏山经传》卷二作"英提"："山在固原州南张义堡，首山之北峰也。清水河数源合北流，象提物屈中两指之状，故曰英提。英，央也。"首山疑为《中次十经》中的首阳山。②浼水：《五藏山经传》卷二："宛曲也，其水北至惠安盐池，受洛水又北注河。此云注陵羊之泽，盖注泽而后注河也。"③冉遗：《五藏山经传》卷二作"无遗"："言形恶无以遗人也。"④眯：梦魇。

冉遗鱼

中 曲 山

原文

又西三百里,曰中曲之山①。其阳多玉,其阴多雄黄、白玉及金。有兽焉,其状如马,而白身黑尾,一角,虎牙爪,音如鼓音,其名曰駮,是食虎豹,可以御兵。有木焉,其状如棠,而员叶赤实,实大如木瓜,名曰櫰(guī)木②,食之多力。

注释

①中曲之山:《五藏山经传》卷二:"中曲,今会宁县东鸦岔山也。响水河即虎尾山水环其三面如筐曲,故名。"②櫰木:《五藏山经传》卷二:"盖即木瓜。"

駮

邽 山

原文

又西二百六十里,曰邽(guī)山①。其上有兽焉,其状如牛,猬毛,名曰穷奇,音如獆(háo)狗,是食人。濛水②出焉,南流注于洋水,其中多黄贝、蠃鱼,鱼身而鸟翼,音如鸳鸯,见则其邑大水。

注释

①邽山:《五藏山经传》卷二:"今宁远西南老君山,即古西倾山也。"《山海经笺疏》:"《地理志》云:'陇西郡,上邽。'《水经》云:'渭水东过上邽县。'《注》云:'渭水东历县北邽山之阴。'"《注》指《水经注》。②濛水:《五藏山经传》卷二:"濛水即西汉水,东南会乌油江、嘉陵江,南注白水,水西出岷山,与大江源近,番人名祥楚河,即洋水也。"

穷奇

鸟鼠同穴山

原文

又西二百二十里，曰鸟鼠同穴之山①，其上多白虎、白玉。渭水出焉，而东流注于河，其中多鳋（sāo）鱼，其状如鳝（zhān）鱼，动则其邑有大兵。滥水②出于其西，西流注于汉水，多絮（rú）魮（pí）之鱼，其状如覆铫（diào）③，鸟首而鱼翼鱼尾，音如磬石之声，是生珠、玉。

注释

①鸟鼠同穴之山：《五藏山经传》卷二："此以渭水远源所出为鸟鼠同穴，与《禹贡》违异。山在今渭源县西。"②滥水：《五藏山经传》卷二："今水出石井所，西北流至旧临洮府城北，西入洮，即此经云汉水也。"《山海经笺疏》："水出鸟鼠山西北高城岭。"③铫：熬东西用的小锅，带柄有流嘴。

崦嵫山

原文

西南三百六十里，曰崦（yān）嵫（zī）之山[1]，其上多丹木，其叶如穀，其实大如瓜，赤符[2]而黑理，食之已瘅，可以御火。其阳多龟，其阴多玉。苕水出焉，而西流注于海，其中多砥砺。有兽焉，其状马身而鸟翼，人面蛇尾，是好举人，名曰孰湖。有鸟焉，其状如鸮而人面，蜼（wèi）[3]身犬尾，其名自号也，见则其邑大旱。

注释

[1]崦嵫之山：《五藏山经传》卷二："崦嵫，今玉门县南昌马山也。"崦嵫，古代传说中日出日落的地方。[2]符：同"柎"，花萼。[3]蜼：古书记载的一种形似猕猴的动物。

结　语

原文

凡《西次四经》，自阴山以下至于崦嵫之山，凡十九山，三千六百八十里。其神祠礼：皆用一白鸡祈，糈以稻米，白菅为席。

右《西经》之山，凡七十七山，一万七千五百一十七里。

北 山 经

《北山经》记录了北方三列山脉，总长约一万一千六百一十五千米，共八十七座山。在北方山系中，有著名的太行山、王屋山，愚公移山的故事就以这两座山为背景。而一心想填平东海的精卫则出自北方山系中的发鸠山。

第一列山脉

单狐山	求如山
带　山	谯明山
涿光山	虢　山
虢山尾	丹熏山
石者山	边春山
蔓联山	单张山
灌题山	潘侯山
小咸山	大咸山
敦薨山	少咸山
狱法山	北岳山
浑夕山	北单山
罴差山	北鲜山
隄　山	

单 狐 山

原文

《北山经》之首，曰单狐之山①，多机木②，其上多华草。滽（féng）水③出焉，而西流注于泑水，其中多茈石、文石。

注释

①单狐之山：《五藏山经传》卷三："单狐之山即三经所云发丸之山，在教山北并中条枝阜，教水出其阳，西南流，沙渠水出其阴，西北会涑水，亦西南流，并注栎泽。合两水视之，象弹者摄丸之形，故曰发丸。北受栎水象狐首，此水象狐鸣，故曰单狐。单，鸣也。"②机木：《五藏山经传》卷三："俗作桤木，直生，性脆，其枝易折，虽削之必有余槎，如跂，故名。"③滽水：《五藏山经传》卷三："涑水诸源自东北来象蜂形，著于狐首之上，故曰滽水。滽者，人与蜂遇也。"滽从夆，古蜂字。

求 如 山

又北二百五十里，曰求如之山[1]，其上多铜，其下多玉，无草木。滑水[2]出焉，而西流注于诸毗之水。其中多滑鱼，其状如鱔（shàn）[3]，赤背，其音如梧，食之已疣。其中多水马，其状如马，文臂[4]牛尾，其音如呼。

[1]求如之山：《五藏山经传》卷三："浍水自翼城南六源合北流屈而西，东二源西流经翼城南北来会，象枕取者曲其掌，故山曰求如。"[2]滑水：《五藏山经传》卷三："又西枝津南注洺泽，象滑稽之状故曰滑水。"[3]鱔：即鳝鱼。[4]文臂：文同"纹"。臂指前腿。

带　　山

又北三百里，曰带山[1]，其上多玉，其下多青碧。有兽焉，其状如马，一角有错[2]，其名曰䑏（huān）疏，可以辟火。有鸟焉，其状如乌，五采而赤文，名曰鵸䳜，是自为牝牡，食之不疽（jǔ）。彭[3]水出焉，而西流注于芘湖[4]之水，其中多儵（tiáo）鱼，其状如鸡而赤毛，三尾六足四首，其音如鹊，食之可以已忧。

䑏 疏

[1]带山：《五藏山经传》卷三："带山，王屋北山也。黑水河西南流，环曲西北，南受二水，象彭腹缓带之形，故曰带山、曰彭水。"[2]错：通"厝"，指磨刀石。[3]彭：鼓侧圆大，人腹大也称作彭。[4]芘湖：《五藏山经传》卷三："重匕曰比，叶相比曰芘。芘湖之水盖即百金泊，在平阳府东十里，与府西之平湖两两相比也。"

谯 明 山

原文

又北四百里,曰谯明之山①。谯水②出焉,西流注于河。其中多何罗之鱼,一首而十身,其音如犬吠,食之已痈。有兽焉,其状如貆(huán)③而赤毫,其音如榴榴,名曰孟槐,可以御凶。是山也,无草木,多青、雄黄。

注释

①谯明之山:《五藏山经传》卷三:"谯通焦,焦明之山,今宁乡县东南焦山。"②谯水:《五藏山经传》卷三:"南川河导源西北,流至永宁州西南,北川东川两水合而南流来会,名三川河。又西至上平关,北注于河,即焦水也。"③貆:豪猪。

何罗鱼

涿 光 山

原文

又北三百五十里,曰涿光之山①。嚣水②出焉,而西流注于河。其中多鰼鰼(xí)③之鱼,其状如鹊而十翼,鳞皆在羽端,其音如鹊,可以御火,食之不瘅。其上多松柏,其下多棫橿,其兽多麢羊,其鸟多蕃④。

注释

①涿光之山:《五藏山经传》卷三作"逐犬之山":"出乐平州判西之斗泉山,即嚣水西北流合寿水,又西南受大小涂水,诸水象犬见逐反嗤之状,故曰逐犬之山。"②嚣水:《五藏山经传》卷三:"其水又西南受象谷水,西会汾水注河。汾水自此以下名嚣水也。"③鰼鰼:《五藏山经传》卷三:"言羽数动也。"④蕃:《五藏山经传》卷三:"蕃鸟,棘雉也。"传说中一种喜在荆棘丛中栖息的鸟。

鰼鰼鱼

虢山　虢山尾

原文

又北三百八十里，曰虢（guó）山[1]。其上多漆，其下多桐椐（jū）。其阳多玉，其阴多铁。伊水出焉，西流注于河。其兽多橐（luò）驼[2]，其鸟多寓[3]，状如鼠而鸟翼，其音如羊，可以御兵。

又北四百里，至于虢山之尾[4]，其上多玉而无石。鱼水[5]出焉，西流注于河，其中多文贝。

注释

[1]虢山：《五藏山经传》卷三："虢，虎食兽遗其皮也。山在方山镇西临县东，曰连枝山，有水三源合西北流折而西而西南，北合数水，西南入河，象委皮爪足狼籍之形，又象道蕐之状，故曰虢山、曰伊水。伊，死人也。"[2]橐驼：即骆驼。[3]寓：蝙蝠类动物。[4]虢山之尾：《五藏山经传》卷三："山在神池县西南。"[5]鱼水：《五藏山经传》卷三："即六涧河，两源象鱼尾，西合五水象翅足也。"

寓

丹熏山

原文

又北二百里，曰丹熏之山[1]，其上多樗（chū）柏，其草多韭䪥（xiè）[2]，多丹雘。熏水出焉，而西流注于棠水。有兽焉，其状如鼠，而菟（tù）首麋耳，其音如獆犬，以其尾飞，名曰耳鼠，食之不睬（cǎi）[3]，又可以御百毒。

注释

[1]丹熏之山：《五藏山经传》卷三："丹熏盖即赤红山，在兴县南，其水今亦名南川河，西北流注蔚。"[2]䪥：一种可以食用的野菜，类似蒜。[3]睬：臌（gǔ）胀病。

耳 鼠

石者山

原文

　　又北二百八十里，曰石者之山①。其上无草木，多瑶、碧。泚水②出焉，西流注于河。有兽焉，其状如豹而文题③白身，名曰孟极，是善伏，其鸣自呼。

注释

　　①石者之山：《五藏山经传》卷三作"根耆之山"："山在岢岚州东南，漪水源也。"②泚水：《五藏山经传》卷三："又西经岢岚州南，西注于河，亦象足此戾，故曰泚水。"此，同"跐"，用脚踩着。戾，本义是弯曲。③文题：文同"纹"。题，即额头。文题就是有花纹的额头。

孟 极

边春山

原文

　　又北百一十里，曰边春之山[1]，多葱、葵、韭、桃、李。杠水[2]出焉，而西流注于泑泽。有兽焉，其状如禺而文身，善笑，见人则卧，名曰幽頞（yàn），其鸣自呼。

注释

　　[1]边春之山：《五藏山经传》卷三作"遄春山"："单狐北也，涑水源也。"[2]杠水：《五藏山经传》卷三："自闻喜以西与夏县水南北并流象徒杠，故曰杠。"徒杠：简易的步行桥。

幽　頞

蔓联山

原文

　　又北二百里，曰蔓联之山[1]，其上无草木。有兽焉，其状如禺而有鬛、牛尾、文臂、马蹄，见人则呼，名曰足訾（zǐ），其鸣自呼。有鸟焉，群居而朋飞[2]，其毛如雌雉，名曰鵁（jiāo），其鸣自呼，食之已风。

注释

　　[1]蔓联之山：《五藏山经传》卷三："单狐北也。蔓聯，灙水，形如聯蔓也。在浮山县南。"[2]朋飞：群飞。

单张山

原文

　　又北百八十里，曰单张之山[1]，其上无草木。有兽焉，其状如豹而长尾，人首而牛耳，一目，名曰诸犍，善吒（zhà），行则衔其尾，居则蟠其尾。有鸟焉，其状如雉，而文首、白翼、黄足，名曰白鵺（yè），食之已嗌（yì）[2]痛，可以已瘛（chì）[3]。栎（lì）水出焉，而南流注于杠水。

注释

①单张之山：《五藏山经传》卷三："'张'义同'长'。张者，弦弓也。长，木工垂墨举左掌也。野狐泉三水合南流象之，故山得名。"②嗌：咽喉。③瘹：痴呆，疯癫病。

灌 题 山

原文

又北三百二十里，曰灌题之山①。其上多樗柘，其下多流沙，多砥。有兽焉，其状如牛而白尾，其音如訆（jiào）②，名曰那父。有鸟焉，其状如雌雉而人面，见人则跃，名曰竦斯，其鸣自呼也。匠韩之水③出焉，而西流注于泑泽，其中多磁石。

注释

①灌题之山：《五藏山经传》卷三："浍水北流西屈象题，东源出翼城东三十余里中卫镇北高山，西流注之当其屈处，故曰灌题，因以名山也。"题，额头。②訆语：古同"叫"，大声呼叫。③匠韩之水：《五藏山经传》卷三："浍交象斫木之在柿，故曰匠。东源象桔槔之摇，故曰韩。"柿（fèi），斫削木材。桔槔，汲水工具。韩，《说文解字》："井桥也。"即围在水井周围的栅栏。

那 父

潘 侯 山

原文

又北二百里，曰潘侯之山①。其上多松柏，其下多榛楛。其阳多玉，其阴多铁。有兽焉，其状如牛而四节生毛，名曰旄（máo）牛②。边水出焉，而南流注于栎泽。

注释

①潘侯之山：《五藏山经传》卷三："单狐北也。潘，溞也，渐米以掌摩接之也。山在边春西北，当求如水之下，故曰潘。潘侯，如云成侯，古潘国所在地也。《春秋传》晋有潘父盖食邑于潘也。"溞（sāo），淘米声。②旄牛：即牦牛。

小咸山　大咸山

原文

又北二百三十里，曰小咸之山[1]。无草木，冬夏有雪。

北二百八十里，曰大咸之山[2]。无草木，其下多玉。是山也，四方，不可以上。有蛇名曰长蛇，其毛如彘豪，其音如鼓柝（tuò）[3]。

注释

[1]小咸之山：《五藏山经传》卷三："山盖葫芦泉所出，在岚县西北。"[2]大咸之山：《五藏山经传》卷三："今岚县南七十余里有石楼山，山之西曰方山镇，盖即大咸之山。"[3]柝：旧时巡夜打更用的梆子。

长　蛇

敦薨山

原文

又北三百二十里，曰敦薨之山[1]。其上多棕、枏，其下多茈（zǐ）草。敦薨之水出焉，而西流注于泑泽。出于昆仑之东北隅，实惟河原。其中多赤鲑。其兽多兕、旄牛，其鸟多鸤（shī）鸠[2]。

注释

[1]敦薨之山：《大唐西域记》："大河又东，右会敦薨之水，其水出焉耆之北，敦薨之山，在匈奴之西，乌孙之东。焉耆，位于天山南麓。"乌孙，古西域国名，地处今伊犁河谷一带。敦薨山收录在《五藏山经传》卷二。[2]鸤鸠：即布谷鸟。

少咸山

原文

又北二百里，曰少咸之山[1]，无草木，多青碧。有兽焉，其状如牛，而赤身、人面、马足，名曰窫（yà）窳（yǔ），其音如婴儿，是食人。敦水出焉，东流注于雁门之水[2]，其中多鮆鮆（bèi）之鱼[3]，食之杀人。

注释

①少咸之山：《五藏山经传》卷三："少咸，兴安之首，潦水所源，在克什克屯部蒙古之西。潦水即潢水，今名西拉木伦，皆取污潦为义，汉人作辽，非也。" ②雁门之水：《五藏山经传》卷三："雁门指谓今山海关。雁门之水即《汉志》之龙鲜水，出关北二百五十里，在喀剌沁中旗南，名老哈河。" ③鮪鮪：《五藏山经传》卷三中作"鮪鮪"，河豚。一般都是三条一起，如父率其子。

窫窳

狱 法 山

原文

又北二百里，曰狱法之山①。瀤（huái）泽之水②出焉，而东北流注于泰泽。其中多鱳（zǎo）鱼，其状如鲤而鸡足，食之已疣。有兽焉，其状如犬而人面，善投，见人则笑，其名山㺒（huī），其行如风，见则天下大风。

注释

①狱法之山：《五藏山经传》卷三："狱法，今平山也。在平阳府治临汾县西南八里，平水出而东北流至城西五里，潴为平湖。" ②瀤泽之水：《五藏山经传》卷三："汾水枝津入焉，溢而西南入襄陵县界，分为数渠下流，经城北及城西，东入于汾，即此经瀤泽之水，东北注泰泽者也。瀤泽以泽名水，即泰泽也。"

北 岳 山

原文

又北二百里，曰北岳之山①，多枳棘刚木。有兽焉，其状如牛，而四角、人目、彘耳，其名曰诸怀，其音如鸣雁，是食人。诸怀之水②出焉，而西流注于嚣水，其中多鮨鮨（yì）鱼，鱼身而犬首，其音如婴儿，食之已狂。

注释

①北岳之山：《五藏山经传》卷三："太岳山也。在赵城县东北五十里，亦曰霍太山，盖古之北岳。"②诸怀之水：《五藏山经传》卷三："南北诸水并西南入汾，均布如积材，故曰诸裹，作怀，通借字也。"裹，藏夹在腋下。

浑夕山

原文

又北百八十里，曰浑夕之山①，无草木，多铜玉。嚣水出焉，而西北流注于海②。有蛇一首两身，名曰肥遗，见则其国大旱。

注释

①浑夕之山：《五藏山经传》卷三作"浑多之山"："浑多，以水名山，言浮沤流转也。"②海：《五藏山经传》卷三："海即黛山湖。"

肥 遗

北单山 罴差山

原文

又北五十里，曰北单之山③。无草木，多葱韭。
又北百里，曰罴差之山④。无草木，多马。

注释

①北单之山：《五藏山经传》卷三："单狐北也，鼓堆泉水出其上。清浊二源，一南流，一北流，并东折而合，南注于汾，象张口形。"②罴差之山：《五藏山经传》卷三作"罢差之山"："牧马堡在大同府西北，西临长城，曰马市楼口，即罢差之山。"

北鲜山　隄山

原文

又北百八十里，曰北鲜之山①，是多马。鲜水出焉，而西北流注于涂吾之水。

又北百七十里，曰隄（dī）山②，多马。有兽焉，其状如豹而文首，名曰狕（yǎo）。隄水出焉，而东流注于泰泽，其中多龙龟。

注释

①北鲜之山：《五藏山经传》卷三："鲜，生鱼也。山在平鲁县西南，对鱼水及鲜于之水而言，故曰北鲜。其水今名兔毛河，二源合北流，屈而东北而北，受西一小水，又北少东，至朔平府城西南受东西二水，又迳城西少屈西北，受东一水，西北至杀虎口，西出边注于乌蓝木伦河，即余吾之水。"《文选·长杨赋》《史记·索引》引此经都作"余吾之水"。②隄山：《五藏山经传》卷三："山在汾西县西凤头镇。"

结　语

原文

凡《北山经》之首，自单狐之山至于隄山，凡二十五山，五千四百九十里。其神皆人面蛇身。其祠之：毛用一雄鸡瘗，瘗，吉玉用一珪，瘗而不糈。其山北人，皆生食不火之物。

第二列山脉

管涔山　少阳山

县雍山　狐岐山

白沙山　尔是山

狂　山　诸余山

敦头山　钩吾山

北嚣山　梁渠山

姑灌山　湖灌山

洹　山　敦题山

管涔山

原文

《北次二经》之首，在河之东，其首枕汾，其名曰管涔之山[1]。其上无木而多草，其下多玉。汾水出焉，而西流注于河。

注释

[1]管涔之山：《五藏山经传》卷三："汾有南、北二水，南汾即今汾河，北汾即灰水，东北合漯水始名桑乾水，今名永定河也。汾，分也；涔，潜也。管涔源与朔州泉潜通如管也。山即天池南脊。"

少阳山

原文

又西二百五十里，曰少阳之山[1]。其上多玉，其下多赤银。酸水[2]出焉，而东流注于汾水。其中多美赭。

注 释

①"少阳之山"句："又西",《五藏山经传》卷三作"又北";《山海经笺疏》校为"西"。现代学者认为,山在今山西省古交市西。②酸水:《五藏山经传》卷三:"酸水即朔州泉,今俗误指为桑乾泉者是也。酸,夋也,水形象强作也。"《本草衍义》:"(醋)造靴皮须得此而纹皱,故知其性收敛,不负酸收之说。"

县 雍 山

原 文

又北五十里,曰县雍之山①。其上多玉,其下多铜,其兽多闾麋,其鸟多白翟、白䳋(yòu)。晋水出焉,而东南流注于汾水。其中多鮆(zī)鱼,其状如儵而赤麟,其音如叱,食之不骄。

注 释

①县雍之山:《五藏山经传》卷三作"县瓮之山":"县瓮即洪涛山。洪源七轮如县瓮,其水东南流入马邑乡,西潴为金龙池,象鸟首出于穴故名晋水。"晋,太阳从地上升起。

白 翟

狐岐山 白沙山 尔是山

原 文

又北二百里,曰狐岐之山①。无草木,多青碧。胜水②出焉,而东北流注于汾水,其中多苍玉。

又北三百五十里,曰白沙山③。广员三百里,尽沙也,无草木鸟兽。鮪(wěi)水出于其上,潜于其下,是多白玉。

又北四百里,曰尔是之山④。无草木,无水。

注释

①狐岐之山：《五藏山经传》卷三："山在今大同府左云县西南，即古武州县。武州川水两源翼导，俱发一山，东北流又东合漯水，南注于汾，其形肖狐而源有两岐，故曰狐岐。"②胜水：《五藏山经传》卷三："胜读如朕，水形象覆舟视其朕也。"朕，段玉裁《说文解字注》："朕，从舟，羊（zhuàn）声。"本义为舟裂缝。③白沙山：《五藏山经传》卷三："白海子亦曰长水，海在阿巴垓蒙古右翼旗南三十里，四望皆白沙。"④尔是之山：《五藏山经传》卷三："山在上都河东西之中，潮河源之北，哈剌布拉克之南，尔牖帷也。是，提也，谓衾帷也。潮源在两河间象之。"

狂山　诸余山

原文

又北三百八十里，曰狂山①，无草木。是山也，冬夏有雪。狂水出焉，而西流注于浮水，其中多美玉。

又北三百八十里，曰诸余之山②，其上多铜玉，其下多松柏。诸余之水出焉，而东流注于㫖水。

注释

①狂山：《五藏山经传》卷三："山在宣化张家口外哈剌城南，有西巴尔台河西北流与南二水合北流者会，又东北折而西，名哈剌乌苏，西注昂吉里池，译言鹅雁池也。狂者，水形象猘犬而弭其尾。浮，孚也，言多雁卵也。"②诸余之山：《五藏山经传》卷三："诸余，色野尔济山之东麓，乌蓝古衣河所出也。接己谓之余，象水形。"

敦头山

原文

又北三百五十里，曰敦头之山①。其上多金玉，无草木。㫖水②出焉，而东流注于邛（qióng）泽③。其中多騂（bó）马，牛尾而白身，一角，其音如呼。

注释

①敦头之山：《五藏山经传》卷三："敦头，西兴安山也。"敦似顿伏。②旄水：《五藏山经传》卷三："洮赖河出其东麓曰木什夏河，两源合东南流数十里，折东北百里，会北二源而东而东南，左右受大小水十，象旄形。"③邛泽：《五藏山经传》卷三："山路峥嵘谓之邛。"

骍 马

钩吾山

原文

又北三百五十里，曰钩吾之山①。其上多玉，其下多铜。有兽焉，其状如羊身人面，其目在腋下，虎齿人爪，其音如婴儿，名曰狍（páo）鸮，是食人。

注释

①钩吾之山：《五藏山经传》卷三："吾通余。山在今巴林部南潦河南岸，有小水出山南，西流十余里，屈而东北注潦象钩，潦水象钩竿。余，曲也。"

北嚣山

原文

又北三百里，曰北嚣之山①，无石。其阳多碧，其阴多玉。有兽焉，其状如虎而白身犬首，马尾彘鬣，名曰独㹨（yù）。有鸟焉，其状如乌，人面，名曰鷑（pán）鶹（mào），宵飞而昼伏，食之已暍（yē）。涔水出焉，而东流注于邛泽。

注释

① 北嚻之山：《五藏山经传》卷三："在札鲁特。"

梁渠山

原文

又北三百五十里，曰梁渠之山①，无草木，多金玉。修水出焉，而东流注于雁门。其兽多居暨，其状如彚（wèi）②而赤毛，其音如豚。有鸟焉，其状如夸父，四翼、一目、犬尾，名曰嚣，其音如鹊，食之已腹痛，可以止同（dòng）。③

注释

① 梁渠之山：《五藏山经传》卷三："梁渠当作良举，即兴安岭东之海喇喀山，为英金河所出。" ② 彚：通"猬"，即刺猬。③ 同：通"衕"。即洞泄，腹痛伴随腹泻症状。

姑灌山　湖灌山

原文

又北四百里，曰姑灌之山①，无草木。是山也，冬夏有雪。

又北三百八十里，曰湖灌之山②。其阳多玉，其阴多碧。多马。湖灌之水出焉，而东流注于海，其中多鳝（shàn）。有木焉，其叶如柳而赤理。

注释

① 姑灌之山：《五藏山经传》卷三："贝尔湖之喀尔喀湖口也。……卒然临之，弗详所灌，故曰姑灌。"姑，同"估"。② 湖灌之山：《五藏山经传》卷三："枯伦湖东北水口之噶尔巴里山也。湖灌，湖水所灌也。"

洹山　敦题山

原文

又北水行五百里，流沙三百里，至于洹（huán）山①，其上多金玉。三桑生之，其树皆无枝，其高百仞，百果树生之。其下多怪蛇。

又北三百里，曰敦题之山②，无草木，多金玉。是錞于北海。

注释

①洹山：《五藏山经传》卷三："克鲁伦所源肯特山之东南干即洹山也。洹者，克鲁伦大形象钩援也。"钩援，古时类似云梯的一种攻城工具。《山海经笺疏》："《水经》云：'洹水出上党泫（xuàn）氏县。'《注》云：'水出洹山，山在长子县也。'计其道里不相应，当在阙疑。"阙疑，语出《论语·为政》，意思是把存疑的问题留着，不做主观推论。②敦题之山：《五藏山经传》卷三："黑龙江所源之小肯特山也，象水为名。"《山海经笺疏》："敦读如臽（duī）也。"

结　语

原文

凡《北次二经》之首，自管涔之山至于敦题之山，凡十七山，五千六百九十里。其神皆蛇身人面。其祠：毛用一雄鸡、彘瘗；用一璧一珪，投而不糈。

第三系山脉

太行山	归 山	龙侯山
马成山	咸 山	天池山
阳 山	贲闻山	王屋山
教 山	景 山	孟门山
平 山	京 山	虫尾山
彭毗山	小侯山	泰头山
轩辕山	谒戾山	沮洳山
神囷山	发鸠山	少 山
锡 山	景 山	题首山
绣 山	松 山	敦与山
柘 山	维龙山	白马山
空桑山	泰戏山	石 山
童戎山	高是山	陆 山
沂 山	燕 山	饶 山
乾 山	伦 山	碣石山
雁门山	帝都山	𬭩于毋逢山

太行山　归山

原文

《北次三经》之首，曰太行之山。其首曰归山①。其上有金玉，其下有碧。有兽焉，其状如麢羊而四角，马尾而有距，其名曰𬳿（hún），善还（xuán）②，其鸣自訆③。有鸟焉，其状如鹊，白身、赤尾、六足，其名曰𫛛（bēn），是善惊，其鸣自詨。

注释

①归山：《五藏山经传》卷三："归山在蒲州西南中条所起处，本作'岿'，山小而众也。"②还：同"旋"，盘旋起舞。③訆：同"叫"。

龙侯山

原文

又东北二百里，曰龙侯之山①。无草木，多金玉。决决之水②出焉，而东流注于河。其中多人鱼，其状如鯑（tí）鱼，四足，其音如婴儿，食之无痴疾。

注释

①龙侯之山：《五藏山经传》卷三："'侯'通'胡'。山在磁州西彭城镇。滏水出焉，南源曰黑龙河，东流会北源象龙胡。"②决水：《山海经笺疏》："《太平御览》九百三十八卷引此经'决水'，'决'字不作重文。"

马成山

原文

又东北二百里，曰马成之山①，其上多文石，其阴多金玉。有兽焉，其状如白犬而黑头，见人则飞，其名曰天马，其鸣自訆。有鸟焉，其状如乌，首白而身青、足黄，是名曰鶌（qū）鶋（jū），其鸣自詨，食之不饥，可以已寓。

注释

①马成之山：《五藏山经传》卷三："既作室，杵地令平曰成。马成，今十八盘山也。马足般旋上下如筑也。"

咸山　天池山

原文

又东北七十里，曰咸山①。其上有玉，其下多铜。是多松柏，草多䒷草。条菅之水出焉，而西南流注于长泽。其中多器酸②，三岁一成，食之已疠。

又东北二百里，曰天池之山③。其上无草木，多文石。有兽焉，其状如兔而鼠首，以其背飞，其名曰飞鼠。渑（shéng）水出焉，潜于其下，其中多黄垩。

注释

①咸山：《五藏山经传》卷三："咸山，崞县东南凤皇山也。"凤皇即凤凰。②器酸：《五藏山经传》："草名。每干辄分三枝，枝又各分为三，多汁，黏人。"③天池之山：《五藏山经传》卷三："即管涔山也。在宁武府南，有分水岭，天池亦名祁连泊，在管涔北原上方里余，潭而不流，潜通朔州二泉，今名桑乾泉。"

飞　鼠

阳　　山

原文

又东三百里，曰阳山①。其上多玉，其下多金铜。有兽焉，其状如牛而赤尾，其颈䏻（shèn）②，其状如句（gōu）瞿③，其名曰领胡，其鸣自詨，食之已狂。有鸟焉，其状如雌雉而五采以文，是自为牝牡，名曰象蛇，其鸣自詨。留水出焉，而南流注于河。其中有餡（xiàn）父之鱼，其状如鲋鱼，鱼首而彘身，食之已呕。

注释

①阳山：《五藏山经传》卷三："山在乐城县西北。"②䏻：肉瘤。③句瞿：斗的别名。句，通"勾"。

鲐父鱼

贲闻山　王屋山　教山

原文

又东三百五十里，曰贲闻之山[1]。其上多苍玉，其下多黄垩，多涅石[2]。

又北百里，曰王屋之山[3]，是多石。㶍水出焉，而西北流于泰泽。

又东北三百里，曰教山[4]，其上多玉而无石。教水[5]出焉，西流注于河，是水冬干而夏流，实惟干河。其中有两山，是山也，广员三百步，其名曰发丸之山，其上有金玉。

注释

[1]贲闻之山：《五藏山经传》卷三："'贲'同'奔'，汾水自临汾而南而东南，西合诸渠水又会西南，分二枝复合又南涧河仟级堡水西南流，象奔者转望疾走，故曰贲，亦象以手掩耳故曰闻。山在今赵曲镇，为晋赵氏地。" [2]涅石：一种黑色矿物，古人用作黑色染料。[3]王屋之山：《五藏山经传》卷三："王屋，浮山县东南龙角山也。有水西北流，合南北二水，象蔓联之形，从北视之，又象愤屋之形。王，大也。" [4]教山：《五藏山经传》卷三："教山即单狐之山。" [5]教水：《五藏山经传》卷三："教水即夏县水，西南会盐水，经安邑、盐池、解州，北注张杨池入河，亳水在其东，象父指斥教其子形。"

景　山

原文

又南三百里，曰景山①，南望盐贩之泽②，北望少泽。其上多草、藷（shǔ）藇（yù）③，其草多秦椒④。其阴多赭，其阳多玉。有鸟焉，其状如蛇，而四翼、六目、三足，名曰酸与，其鸣自詨，见则其邑有恐。

注释

①景山：《五藏山经传》卷三："甘枣西南也。山在夏县南，为中条之脊，《传》所谓'景霍以为城'也。"②盐贩之泽：《五藏山经传》卷三："盐池在夏县西南。少泽在东北，即涑泽。"③藷藇：山药。④秦椒：花椒。

孟门山

原文

又东南三百二十里，曰孟门之山①。其上多苍玉，多金；其下多黄垩，多涅石。

注释

①孟门之山：《五藏山经传》卷三："今天井关也，在泽州之南，丹水之西。"

平山　京山

原文

又东南三百二十里，曰平山①。平水出于其上，潜于其下。是多美玉。
又东二百里，曰京山②。有美玉，多漆木，多竹，其阳有赤铜，其阴有玄碅（sù）③。高水出焉，南流注于河。

注释

①平山：《山海经笺疏》："《水经注》云：'教水南迳辅山。'疑即'平山'也。"②京山：《五藏山经传》卷三中作"亳山"："亳山即甘棘之山，其水即共水，今名亳清河。"③玄碅：郭璞注："黑砥石也。"砥，细的磨刀石。

北 山 经 · 第三系山脉

虫尾山

原文

　　又东二百里，曰虫尾之山[1]。其上多金玉，其下多竹，多青碧。丹水[2]出焉，南流注于河。薄水[3]出焉，而东南流注于黄泽。

注释

　　[1]虫尾之山：《五藏山经传》卷三："山在高平县北，即丹林。其山东历洹、淇诸源，皆其脊脉。"　[2]丹水：《五藏山经传》卷三："丹水即丹林之水。"　[3]薄水：《五藏山经传》卷三："薄，同'亳'。薄水即五峪河，出马武山。"郭璞注："《淮南子》曰：'薄水出鲜于山。'"

彭𣬈山

原文

　　又东三百里，曰彭𣬈之山[1]。其上无草木，多金玉，其下多水。蚤（zǎo）林之水出焉，东南流注于河。肥水出焉，而南流注于床水，其中多肥遗之蛇。

注释

　　[1]彭𣬈之山：《五藏山经传》卷三："漳沱水象腹彭，西南受诸小水象辅员于辐。"

小侯山

原文

　　又东百八十里，曰小侯之山[1]。明漳之水[2]出焉，南流注于黄泽。有鸟焉，其状如乌而白文，名曰鸪（gū）鹏（xí），食之不灂（jiào）[3]。

注释

　　[1]小侯之山：《五藏山经传》卷三："侯当作葔。"　[2]明漳之水：《五藏山经传》卷三："今名桃花水，南合洹水注于黄泽。"　[3]灂：同"瞧"，古人说"雀目眼"，暮不能视物为瞧。

泰头山　轩辕山

又东三百七十里，曰泰头之山[1]。共水出焉，南注于虖（hū）沱。其上多金玉，其下多竹箭。

又东北二百里，曰轩辕之山[2]。其上多铜，其下多竹。有鸟焉，其状如枭而白首，其名曰黄鸟，其鸣自詨，食之不妒。

[1] 泰头之山：《五藏山经传》卷三作"秦头之山"："辛椒谓之秦，析麻折其首亦谓之秦。清水河象折麻首，亦象仰掌向上，故曰秦头。" [2] 轩辕之山：《五藏山经传》卷三："山在唐县西北二十余里，当唐河折西南会般水处。辕前高谓之轩，古轩辕氏居此，因以为有天下之号也。"

黄鸟

谒戾山

又北二百里，曰谒戾之山[1]。其上多松柏，有金玉。沁水[2]出焉，南流注于河。其东有林焉，名曰丹林。丹林之水出焉，南流注于河。婴侯之水出焉，北流注于氾（sì）水[3]。

[1] 谒戾之山：《五藏山经传》卷三："沁水出王屋山南乌岭关，东南至武陟入河，大形象谒者跪戾其足。"戾，本义为弯曲。 [2] 沁水：《五藏山经传》卷三："源处合南一水，北二水，视之又象心形。" [3] 氾水：《五藏山经传》卷三："氾水有二，一出长子县西南，二源合东北流经县南，又左合一水而东。一出壶关县南，二源合东北流经县东而西北。婴侯水近出潞安府治西南，北流至府北二十八里，与二水会参交也。……婴，女子项下饰也。"

沮洳山

原文

东三百里，曰沮洳之山[1]。无草木，有金玉。瀑（qí）水[2]出焉，南流注于河。

注释

[1]沮洳之山：《清一统志·卫辉府一》：淇山"淇水所出"。淇山即沮洳山。[2]瀑水：《五藏山经传》卷三："瀑，同'淇'，今水出淇县西三十余里兴工山，东北流会洹水环曲东南注卫河，象箕形，故名。"

神囷山

原文

又北三百里，曰神囷（qūn）之山[1]。其上有文石，其下有白蛇，有飞虫。黄水出焉，而东流注于洹。滏水[2]出焉，而东流注于欧水[3]。

注释

[1]神囷之山：《五藏山经传》卷三："神囷之山，丹水以西与沁分水诸岭皆是。今云亳山东三百里，则在泽州治凤台县也。"《山海经笺疏》："据《水经注》山当在今河南林县，汉之林虑县也。"[2]滏水：《五藏山经传》卷三："滏水即天井溪水，东会黄入丹水，折东南流而东而东北又东，象釜形。"[3]欧水：《五藏山经传》卷三："欧水即五峪河，北出马武川合二小水东南流来入，象欧者俯躬之形也。"欧，疾行。

发鸠山

原文

又北二百里，曰发鸠之山[1]，其上多柘木。有鸟焉，其状如乌，文首、白喙、赤足，名曰精卫，其鸣自詨。是炎帝[2]之少女，名曰女娃。女娃游于东海，溺而不返，故为精卫，常衔西山之木石，以堙（yīn）[2]于东海。

漳水④出焉，东流注于河。

注释

①发鸠之山：《五藏山经传》卷三："臂鹰纵之曰发鸠。鸠，爽鸠也。山在今武乡县西北。"郭璞注："今在上党郡长子县也。"②炎帝：中国上古时期姜姓部落的首领，即神农氏。③堙：堵，填。④漳水：《五藏山经传》卷三："今名甲水河，东南流合数水东南入洺，象飞鹰之形，洇则象纵鹰屈其掠之形，故曰漳，曰发鸠。"

精卫鸟

少山 锡山

原文

又东北百二十里，曰少山①。其上有金玉，其下有铜。清漳之水②出焉，东流于浊漳之水。

又东北二百里，曰锡山③。其上多玉，其下有砥。牛首之水出焉，而东流注于滏水。

注释

①少山：《五藏山经传》卷三："山在今辽州西北横岭镇。"②清漳之水：《五藏山经传》卷三："清漳水导源东南流合东数水，屈曲至交漳入漳。"③锡山：《五藏山经传》卷三："燕哺子谓之锡。邢台南北二水东注大陆似之。"

景山 题首山 绣山

原文

又北二百里，曰景山①，有美玉。景水出焉，东南流注于海泽。

又北百里，曰题首之山②，有玉焉，多石，无水。

又北百里，曰绣山③，其上有玉、青碧。其木多枸（xún）④，其草多芍药、芎䓖。洧（wěi）水出焉，而东流注于河，其中有鳠（hù）、黾（měng）⑤。

注释

①景山：《五藏山经传》卷三："满城县西北眺山也。"②题首之山：《五藏山经传》卷三："白石山，在今广昌县东南浮图峪，多确石，可为墓题。"③绣山：《五藏山经传》卷三："即恒山，在平定州西北芹泉驿。"④枸：枸树，木质坚硬。⑤鼃：蛙的一种。

松山　敦与山

原文

又北百二十里，曰松山①。阳水②出焉，东北流注于河。

又北百二十里，曰敦与之山③。其上无草木，有金玉。溹（suǒ）水④出于其阳，而东流注于泰陆之水；泜（zhī）水出于其阴，而东流注于彭水⑤；槐水出焉，而东流注泜泽。

注释

①松山：《五藏山经传》卷三："山在忻州阳西镇之东。"②阳水：《五藏山经传》："今名涧河，东北流入滹沱河，注河。"③敦与之山：《五藏山经传》卷三作"敦舆山"："自牛页水循大陆北岸而东北达宁晋泊……其大形则象牛负舆仰其首，故曰敦舆也。"④溹水：《五藏山经传》卷三："即邢台南水，象索纬也。"⑤彭水：《五藏山经传》卷三："宁晋泊，象腹，彭也。槐水出赞皇县南，东流经柏乡县北，东北注宁晋泊。彭水，泜泽变名耳。"

柘山　维龙山

原文

又北百七十里，曰柘山①。其阳有金玉，其阴有铁。历聚之水②出焉，而北流注于洧水。

又北三百里，曰维龙之山③。其上有碧玉，其阳有金，其阴有铁。肥水出焉，而东流注于皋泽，其中多礧（lěi）石④。敞铁之水⑤出焉，而北流注于大泽。

注释

①柘山：《五藏山经传》卷三："柘山，今石马山，在旧乐平

县西。"②历聚之水：《五藏山经传》："沾河也。"③维龙之山：《五藏山经传》卷三记作"维駹"之山："髦马曰駹，滹沱合诸小水象之。《尔雅》：豪骭，维駹是也。"髦马，足四节都长毛的马。骭，胫骨。駹，青色的马。④磻石：大石头。⑤敞铁之水：《五藏山经传》卷三："栽水也，西北流入滹沱。"

白马山　空桑山

原文

又北百八十里，曰白马之山①，其阳多石玉，其阴多铁，多赤铜。木马之水②出焉，而东北流注于滹沱。

又北二百里，曰空桑之山③。无草木，冬夏有雪。空桑之水出焉，东流注于滹沱。

注释

①白马之山：《五藏山经传》卷三："滹沱合诸水象白马矫顾之形。"②木马之水：《五藏山经传》卷三："盂县之秀水河为其后足而状似木枝，故曰木马水。"③空桑之山：《五藏山经传》卷三："山在五台县西，清水河合诸水象枯桑，九女泉合南一小水东流入之，象空穴也。"

泰戏山

原文

又北三百里，曰泰戏之山①。无草木，多金玉。有兽焉，其状如羊，一角一目，目在耳后，其名曰𬴃𬴃（dòng），其鸣自詨。滹沱之水出焉，而东流注于溇（lóu）水②。液女之水出于其阳，南流注于沁水。

注释

①泰戏之山：《五藏山经传》卷三："山在繁畤县东百里，滹沱正源青龙泉所发也。"《元和郡县志》："繁畤县泰戏山，一名武夫山，在县东南九十里。"②溇水：《五藏山经传》卷三："溇水即液女之水，上文总名溇液水，出南台山麓，西流合清水河，南注滹沱，沱溇交相注也。"

石山　童戎山　高是山　陆山

原文

　　又北三百里，曰石山^①，多藏金玉。濩濩（huò）之水^②出焉，而东流注于虖沱；鲜于之水^③出焉，而南流注于虖沱。

　　又北二百里，曰童戎之山^④。皋涂之水^⑤出焉，而东流注于溇、液水。

　　又北三百里，曰高是之山^⑥。滋水^⑦出焉，而南流注于虖沱。其木多椶，其草多条。滱（kòu）水^⑧出焉，东流注于河。

　　又北三百里，曰陆山，多美玉。鄝（jiāng）水^⑨出焉，而东流注于河。

注释

　　①石山：《五藏山经传》卷三："山在忻州西南石岭关。"②濩濩之水：《五藏山经传》卷三："有水三源，东北流合出石梯口，至定襄县东注于虖沱，即濩濩之水。濩，水泻落也。"③鲜于之水：《五藏山经传》卷三："山之南有石桥河南流，洛阴、真谷二水自东合而来会，又西南右受烈石泉水而南与西北来之埇谷水会，又东南而南经太原府治入汾，即鲜于之水。鲜于诸水象生鱼旋动纡曲之形也。"直谷，应为真谷。④童戎之山：《五藏山经传》卷三："山即管涔东麓。"⑤皋涂之水：《五藏山经传》卷三："阳武河出而东流迳滹泥驿北，即皋涂之水。"⑥高是之山：《五藏山经传》卷三："五台县东射虎山也。是，用足上指也。射虎川水西南合清水河象之，故山得名。"⑦滋水：《五藏山经传》卷三："清水又象墨筵卓挹，射虎承之，象墨中茸，故曰滋。其水南入虖沱也。"⑧滱水：《五藏山经传》卷三："滱水今名沙河，出射虎山北，东南流至曲阳西北屈而南而东南，会鄝水，象穿窬形，故名寇。"⑨鄝水：《五藏山经传》卷三："即部河，今亦名姜河。"

沂山　燕山　饶山

原文

　　又北二百里，曰沂（qí）山^①。般水出焉，而东流注于河。

　　北百二十里，曰燕山^②，多婴石^③。燕水出焉，东流注于河。

　　又北山行五百里，水行五百里，至于饶山^④。是无草木，多瑶、碧，其兽多橐驼，其鸟多鹠（liú）。历虢之水^⑤出焉，而东流注于河。其中有师鱼，食之杀人。

注释

①沂山：《五藏山经传》卷三："山在曲阳县北少西之军城镇。有小水（郦注：名马溺水）东南流入唐河，象莝（cuò）刀形，故曰沂山。亦象车辕形，故曰般水。般，辀还也。"莝，铡草刀。辀，古时车前弯曲的独木车辕。郦注，即郦道元注。②燕山：《五藏山经传》卷三："良乡县北，圣水所出也。圣水即北易水，水形象飞燕上颔。"③婴石：似玉的一种美石。④饶山：《五藏山经传》卷三："饶山即西拉札拜岭，在多伦泊东北，当少咸之南，有安巴科坤河、西拉札拜岭河、库尔奇勒河诸水，象积禾。"⑤历虢之水：《五藏山经传》卷三："上都河北对漧水象虎食人，故名历虢。"虢，虎所抓划之迹。

乾　山

原文

又北四百里，曰乾山①，无草木。其阳有金玉，其阴有铁，而无水。有兽焉，其状如牛而三足，其名曰源（huán）②，其鸣自詨。

注释

①乾山：《五藏山经传》卷三："山城赤城县西北西栅口外，拜察河在南象建旗，故曰乾。乾，从'倝'，旗干也；从'乙'，曳旆也。"旆（pèi），古时末端燕尾形状的旗子。②源：《山海经笺疏》："'源'当为'獂'，见《说文》。"獂，豪猪。

伦　山

原文

又北五百里，曰伦山①。伦水出焉，而东流注于河。有兽焉，其状如麋，其川②在尾上，其名曰罴（pí）。

注释

①伦山：《五藏山经传》卷三："伦、仑通。山为白河源五郎海山东脊，三水南流注白河，象编册，故曰仑。"②川：这里指"窍"，即肛门。

碣石山　雁门山　帝都山　锌于毋逢山

原文

又北五百里，曰碣石之山①。绳水出焉，而东流注于河，其中多蒲夷之鱼②。其上有玉，其下多青碧。

又北水行五百里，至于雁门之山③，无草木。

又北水行四百里，至于泰泽④。其中有山焉，曰帝都之山⑤，广员百里，无草木，有金玉。

又北五百里，曰锌于毋逢之山⑥，北望鸡号之山，其风如飚（lì）⑦。西望幽都之山，浴水出焉。是有大蛇，赤首白身，其音如牛，见则其邑大旱。

注释

①碣石之山：《五藏山经传》卷三："碣石在滦河入海之西数十里，有海渚长直茶上如碑碣，今名长闸口，其北山脉循滦河之西五百余里，与密云诸山相连。此言碣石之山，即密云南山也。"②蒲夷之鱼：郝懿行著《山海经笺疏》作"冉遗之鱼"，《太平御览》作"无遗之鱼"，鱼身蛇首六足，其目如马耳。③雁门之山：《五藏山经传》卷三："雁门谓今山海关，山脉自白狼河、大凌河源南来，讫于海。《海内西经》'雁门山，雁出其间。在高柳北'，指谓白狼所出在柳条边外也。"④泰泽：《五藏山经传》卷三："潦海。"⑤帝都之山：《五藏山经传》卷三："长兴岛也。"⑥锌于毋逢之山：《五藏山经传》卷三作"母逢"："母逢，旅顺岛也。岛形似乳，其北岸悬入海中，有小水小渚在其端，似开口，故曰母逢。"袁珂校为"毋"。⑦飚：疾风。

结 语

原文

凡《北次三经》之首，自太行之山以至于毋逢之山，凡四十六山，万二千三百五十里。其神状皆马身而人面者廿（niàn）神。其祠之：皆用一藻茝（chǎi）①，瘗之。其十四神状皆彘身而载玉。其祠之：皆玉，不瘗。其十神状皆彘身而八足蛇尾。其祠之：皆用一璧，瘗之。大凡四十四神，皆用稌糈米祠之。此皆不火食。

右《北经》之山起，凡八十七山，二万三千二百三十里。

注释

①藻茝：郭璞注："藻，聚藻。茝，香草，兰之类。"

东 山 经

《东山经》记录了东方四列山脉，总长约九千四百三十千米，共四十六座山，在东方山系中，除了众多奇怪的动物，著名的泰山就在这个区域。

第一列山脉

楸蚕山　蕾　山

枸状山　勃垒山

番条山　姑儿山

高氏山　岳　山

犲　山　独　山

泰　山　竹　山

楸<ruby>蚕</ruby>山　蕾山

　　《东山经》之首，曰楸（sù）蚕（zhū）之山[1]，北临乾昧。食水出焉，而东北流注于海。其中多鳙鳙（yōng）之鱼[2]，其状如犁牛，其音如彘鸣。

　　又南三百里，曰蕾（lěi）山[3]。其上有玉，其下有金。湖水出焉，东流注于食水，其中多活师[4]。

　　[1]楸蚕之山：《五藏山经传》卷四作"楸株之山"："乌苏西源曰呼野河，北流合诸小水如楸枝。又北当兴格湖之东有小水亦名呼野河，东南流屈而东北注之。又北少西伊鲁山北麓水东北流注之，两水之间有小水长十数里东注，象木中株，故名楸株，又象舌在口中，故曰食水，即伊鲁之谓也。"[2]鳙鳙之鱼：《五藏山经传》卷四："鳙，古音常，即鳡鱼也。"[3]蕾山：《五藏山经传》卷四："山在兴格湖西岸，近南五札虎河口，河源出宁古塔之东二百六十里，东流百六十余里，潴于湖。湖自西南而东北长百里，东西径七十余里，自北溢出，流百五十里注乌苏里江。湖西北复有小湖，亦自西南而东北长五十里，广二十余里，两两相附如蕾，故山得名。蕾，白蓣也，蔓生，根大如鸡鸭卵而长，一本三五枚累累然。"[4]活师：《五藏山经传》卷四："活东湖即以此得名。"郭璞曰："科斗也，《尔雅》谓之活东。"

枸状山

又南三百里，曰枸（xún）状之山①，其上多金玉，其下多青碧石。有兽焉，其状如犬，六足，其名曰从从，其鸣自詨。有鸟焉，其状如鸡而鼠毛，其名曰蛰（zī）鼠，见则其邑大旱。泜（zhǐ）水②出焉，而北流注于湖水。其中多箴鱼，其状如儵（chóu），其喙如箴，食之无疫疾。

①枸状之山：《五藏山经传》卷四作"扐扶之山"："山在兴格湖之南七十余里，为尼雅林河所出……河东南流屈而北会埠富河，象扐，又北会三水象扶也。四指谓之'扶'，小指曰'扐'。"②泜水：《五藏山经传》卷四："泜水也，从从，熊四足如二人从行也。泜水，形似入指于唇。"

从从

勃齐山　番条山　姑儿山

又南三百里，曰勃齐（qí）之山①。无草木，无水。

又南三百里，曰番条之山②。无草木，多沙。减水出焉，北流注于海，其中多鳡（gǎn）鱼。

又南四百里，曰姑儿之山③。其上多漆，其下多桑、柘。姑儿之水出焉，北流注于海，其中多鳡鱼。

注释

①勃亝之山：《五藏山经传》卷四："勃齐以产参得名，今名可朱岭，满洲语谓幽僻处也。"亝，齐的古字。②番条之山：《五藏山经传》卷四："山在㧉扶东南，锡拉河之北，佛林河南源之西。"③姑儿之山：《五藏山经传》卷四："山南曰勒特河，四源合南流山北曰富达锡浑河，南四源，北一源，合东流折而西南而西，与勒特河会，象抱子拊掌来之之形，故名姑儿。"

高氏山　岳山　犲山

原文

又南四百里，曰高氏之山①。其上多玉，其下多箴石。诸绳之水②出焉，东流注于泽，其中多金玉。

又南三百里，曰岳山。其上多桑，其下多樗（chū）。泺（luò）水③出焉，东流注于泽，其中多金玉。

又南三百里，曰犲（chái）山④。其上无草木，其下多水，其中多堪孖（xù）之鱼⑤。有兽焉，其状如夸父⑥而彘毛，其音如呼，见则天下大水。

注释

①②高氏之山、诸绳之水：《五藏山经传》卷四："长白山自松花、图门诸源北走，经平顶山而北，㻬为是山，甚桀峻。以北呼拉哈河众源并导，象木柢旁薄，又象结绳纷垂其末，故号山曰高氏，而字水曰诸绳。"③泺水：《山海经笺疏》："《说文》云：'泺，齐鲁之水也。'"④犲山：犲是豺的别字。《五藏山经传》卷四："山在举尔和河三源之间，其水南流入富达锡浑河，象豺伏兽尾爪取其肠之形。"⑤堪孖之鱼：《五藏山经传》卷四："堪，古孔穴字，孖，蛮子也。堪孖之鱼，鲛也，腹有两洞，贮水养子。一腹容二子，子朝从口中出，暮还入腹，故名堪孖。"⑥其状如夸父：《五藏山经传》卷四："夸父，犀也，此兽盖水犀，常寝深渊中，出则大水，古谓之骊龙。犀似豕，大腹卑脚，脚前直不利行，又腹累重，行则摇动，故曰夸父。"崇吾山有"举父"，郭璞注释云："或作夸父。"郝懿行解释曰："举、豦（jù）声同，故古字通用，举、豦与夸声近，故或作夸父。"

独山　泰山

　　又南三百里，曰独山①。其上多金玉，其下多美石。末涂之水②出焉，而东南流注于沔，其中多鯈（tiāo）蟰（yōng），其状如黄蛇，鱼翼，出入有光，见则其邑大旱。

　　又南三百里，曰泰山③。其上多玉，其下多金。有兽焉，其状如豚而有珠，名曰狪狪（tóng），其鸣自訆。环水④出焉，东流注于江，其中多水玉。

　　①独山：《五藏山经传》卷四："山在宁古塔东南百里余，曰聂埒倭集。"②末涂之水：《五藏山经传》卷四作"末余之水"："木上曰末。余，曲也。舒尔哈河西南流合哈达河折南少东注英额河象之。英额，满洲语下坡之谓，经云沔，瀑布也。"③泰山：郭璞曰："即东岳岱宗也。今在泰山奉高县西北，从山下至顶四十八里三百步也。"④环水：《山海经笺疏》："水出泰山南溪，南流历中下两庙间。其水又屈而东流，入于汶水。"下文中的"东流注于江"，郝懿行认为"江"应作"汶"。

鯈　蟰

竹 山

原文

又南三百里，曰竹山①，錞于汶。无草木，多瑶、碧。激水出焉，而东南流注于娶檀（tán）之水②，其中多茈蠃③。

注释

①竹山：《五藏山经传》卷四："独山南也。山自英额岭东北环布尔哈图河源南属于江，布哈河三源象竹，其东西小水横列象笋也。"《山海经笺疏》："'竹山'当即'蜀山'，在今汶上县，独立波心，故曰'蜀'。"②娶檀之水：《五藏山经传》卷四："即末余水所合之哈达河。"③蠃：《山海经笺疏》："'蠃'当为'蠃'字之讹。"

结 语

原文

凡《东山经》之首，自樕𧑓之山以至于竹山，凡十二山，三千六百里。其神状皆人身龙首。祠：毛用一犬祈，祈聏（èr）①用鱼。

注释

①聏：郭璞注："以血涂祭为聏。"《山海经笺疏》："《玉篇》：'以牲告神，欲神听之，曰聏。'此说与郭异，据郭注'聏'当为'衈'。"衈，杀牲取血以供衅礼之用。

第二列山脉

空桑山　曹夕山

峄皋山　葛山尾

葛山首　余峩山

杜父山　耿　山

卢其山　姑射山

北姑射山

南姑射山

碧　山　缑氏山

姑逢山　凫丽山

硳　山

空桑山　曹夕山　峄皋山

原文

《东次二经》之首，曰空桑之山①，北临食水，东望沮吴②，南望沙陵，西望湣（mǐn）泽。有兽焉，其状如牛而虎文，其音如吟，其名曰軨軨（líng），其鸣自訆，见则天下大水。

又南六百里，曰曹夕之山③。其下多榖，而无水，多鸟兽。

又西南四百里，曰峄皋之山④。其上多金玉，其下多白垩。峄皋之水出焉，东流注于激女之水，其中多蜃⑤珧（yáo）⑥。

注释

①空桑之山：《五藏山经传》卷四："空桑即楸株南山，取象与《北次四经》同。"《山海经笺疏》："此兖地之空桑也。《淮南·本经训》云：'共工振滔洪水，以薄空桑。'"　②沮吴：《五藏山经传》卷四："锡赫特山也。山西南自长白来，经乌苏里诸源东北走，讫于黑龙海口，为北方滨海之徼（jiào），

故曰吴；深山大林积叶沮洳，故曰沮。满洲语谓落叶松为伊锡渣淬为赫德也。"④。边界。沮洳，由腐烂植物埋在地下而形成的泥沼。③曹夕之山：《五藏山经传》卷四："山在姑儿之西。姑儿水又象蜂形，西乡，故名曹夕。曹，蜂房也。"④峰皋之山：《五藏山经传》卷四："山属者峰，沮涂曰皋。即长白山，北与费德里相属，图门源出其东麓，东北流会布尔哈图河入海。"⑤蠃：大蛤蜊。⑥珧：小蚌。

葛山尾　葛山首　余峨山

原文

　　又南水行五百里，流沙三百里，至于葛山之尾。无草木，多砥砺。

　　又南三百八十里，曰葛山之首①，无草木。澧（lǐ）水②出焉，东流注于余泽，其中多珠蟞（biē）鱼，其状如肺而有四目，六足有珠，其味酸甘，食之无疠。

　　又南三百八十里，曰余峨之山③，其上多梓枬，其下多荆芑（qǐ）④。杂余之水出焉，东流注于黄水⑤。有兽焉，其状如菟而鸟啄，鸱目蛇尾，见人则眠，名曰犰（qiú）狳（yú），其鸣自訆，见则螽蝗为败。

注释

　　①葛山之首：《五藏山经传》卷四："长白山自小图门源分枝东北走，纡回二百余里，亘海兰河南岸，是为葛山。其首则海兰东南源之巴颜河所出是也。水形回曲象葛蔓。"②澧水：《五藏山经传》卷四："澧水，形似鳢鱼也。"③余峨之山：《五藏山经传》卷四作"余我之山"："山在长白顶东南百里余。"④芑：芑，通"杞"，即枸杞树。⑤黄水：《五藏山经传》卷四："图门初出处若隐若见，凡数十里，盖水挟沙泥，故经以黄水目之。"

杜父山　耿山　卢其山

原文

　　又南三百里，曰杜父之山①。无草木，多水。

　　又南三百里，曰耿山②。无草木，多水碧③，多大蛇。有兽焉，其状如狐而鱼翼，其名曰朱獳（rú），其鸣自訆，见则其国有恐。

　　又南三百里，曰卢其之山④，无草木，多沙石。沙水出焉，南流注于涔水，其中多鹭鹕（lí）鹕（hú），其状如鸳鸯而人足，其鸣自訆，见则其国多土功。

注释

①杜父之山：《五藏山经传》卷四："山在绥芬河海口，河西小水十数源，东有海港北出，长五十里，广十余里，象杜木，杜赤棠也，其实酢涩，伐干接梨则饶美，故曰甘棠。凡木本谓之杜也。父，众小一大之称。"②耿山：《五藏山经传》卷四："耿犹同也，目相耿视也。山在朝鲜端川郡，西北三十里有二水南北相累乡并，东南流至利城县入海，象同形。"③水碧：郭璞注："亦水玉类。"即水晶石。④卢其之山：《五藏山经传》卷四作"宪其之山"："临津江即涑水，出铁原府西北八十余里，东南流环曲西南似箕，其北一水即沙南流入之，似宪。宪，县也。"县（xuán），系挂。

姑射山　北姑射山
南姑射山　碧山　缑氏山　姑逢山

原文

又南三百八十里，曰姑射（yè）①之山。无草木，多水。

又南水行三百里，流沙百里，曰北姑射之山②。无草木，多石。

又南三百里，曰南姑射之山③。无草木，多水。

又南三百里，曰碧山④。无草木，多大蛇，多碧、水玉。

又南五百里，曰缑（gōu）氏之山⑤。无草木，多金玉。原水出焉，东流注于沙泽。

又南三百里，曰姑逢之山⑥。无草木，多金玉。有兽焉，其状如狐而有翼，其音如鸿雁，其名曰獙獙（bì），见则天下大旱。

注释

①姑射：《五藏山经传》卷四："襄阳府西有头、蛇山，一水东流少南，经府南入海，其西北曰金刚山，一水西北流入秋池岭水，即北姑射水。西南曰张山，一水两源，西流少南，又西北入北姑射水，三水三面相直如投射，而张山水两源象剥麻剖其首之形，故总名曰姑射。"②北姑射之山：《五藏山经传》卷四："山即淮阳府北秋池岭。"③南姑射之山：《五藏山经传》卷四："山在安东府北奉化城之东，一水二源，东流六十余里至平海郡南入海。"④碧山：《五藏山经传》卷四："即永清湾西面之道安山。"⑤缑氏之山：《五藏山经传》卷四作"侠氏之山"："山在陕川郡东，有水东北流入鄎卢河东南注海。"传说王子乔（周灵王太子晋）在此修道成仙。⑥姑逢之山：《五藏山经传》卷四："乐

安县北之无木山也。有水东南流，会北自南原府来之水，其水西一源，东二源，左右交流而南会无木山水，大形肖妇人后顾前指之状，故曰姑逢。"

凫丽山　碇山

又南五百里，曰凫丽之山[1]。其上多金玉，其下多箴石。有兽焉，其状如狐，而九尾、九首、虎爪，名曰蠪（lóng）姪，其音如婴儿，是食人。

又南五百里，曰碇（zhēn）山[2]，南临碇水，东望湖泽。有兽焉，其状如马，而羊目、四角、牛尾，其音如�物狗，其名曰峳峳（yōu），见则其国多狡客。有鸟焉，其状如凫[3]而鼠尾，善登木，其名曰絜（xié）钩，见则其国多疫。

[1]凫丽之山：《五藏山经传》卷四："晋江出咸阳郡西，西南流环曲而东，受西北一小水，象凫尾接上屈，故名凫丽。丽，俪也。" [2]碇山：《五藏山经传》卷四："朝鲜西南海中之珍岛也。有珍岛郡城。" [3]凫：一种野鸭。

峳峳

结 语

原文

　　凡《东次二经》之首，自空桑之山至于䃌山，凡十七山，六千六百四十里。其神状皆兽身人面载觡（gé）[1]。其祠：毛用一鸡祈，婴用一璧瘗。

注释

　①载觡：《山海经笺疏》："载，亦戴也。"觡，郭璞注："麋、鹿属角为觡。"

东方第二列山脉山神

第三列山脉

尸胡山　岐　山
诸钩山　中父山
胡射山　孟子山
跂踵山　蹭隅山
无皋山

尸胡山　岐山　诸钩山

原文

又《东次三经》之首，曰尸胡之山[1]，北望㟃（xiáng）山[2]。其上多金玉，其下多棘。有兽焉，其状如麋而鱼目，名曰婹（wǎn）胡[3]，其鸣自訆。

又南水行八百里，曰岐山[4]。其木多桃李，其兽多虎。

又南水行五百里，曰诸钩之山[5]。无草木，多沙石。是山也，广员百里，多寐（mèi）鱼。

注释

[1]尸胡之山：《五藏山经传》卷四："海口东北，其水西流，数折南入于海，象卧尸胀大之形，故名尸胡。"[2]㟃山：《五藏山经传》卷四："瀢河自辽阳州之瀢阳门北分水，岭南合数水来入，象死羊在负其首反垂之形，故曰㟃山。"[3]婹胡：《五藏山经传》卷四："郝云案嘉庆五年册使封琉球归舟泊马齿山下，人进二鹿，毛浅而小眼似鱼眼。使者著记谓是海鱼所化，余以经证之，是婹胡也。"郝，即郝懿行。[4]岐山：《五藏山经传》卷四："白翎三岛也。北距床山四十里，西距山东之成山三百六十里。"[5]诸钩之山：《五藏山经传》卷四："泰山城南要儿梁也。"

中父山　胡射山　孟子山

原文

又南水行七百里，曰中父之山[1]。无草木，多沙。

又东水行千里，曰胡射（yì）之山[2]。无草木，多沙石。

又南水行七百里，曰孟子之山[3]。其木多梓桐，多桃李，其草多菌蒲，其兽多麋、鹿。是山也，广员百里。其上有水出焉，名曰碧阳，其中多鳣（zhān）鲔（wěi）[4]。

注释

[1] 中父之山：《五藏山经传》卷四："朝鲜西南小岛也，去海约二百里。" [2] 胡射之山：《五藏山经传》卷四作"湖射之山"："朝鲜东南隔加德岛也。其东北晋江水东南注海，前阻绝影岛澳渚洄流，常西南注，故曰湖射。" [3] 孟子之山：《五藏山经传》卷四："尸胡南、岐山北也。今为床山。大岛北际海岸向西突出，象孟。孟者，阴壮大也。" [4] 鳣、鲔：鳣，即鳇鱼，无鳞，肉呈黄色，大的长达二三丈。鲔，形体与鳣相似，鼻子较长，无鳞。

跂踵山

原文

又南水行五百里，曰流沙[1]。行五百里，有山焉，曰跂（qí）踵之山[2]。广员二百里，无草木，有大蛇，其上多玉。有水焉，广员四十里皆涌，其名曰深泽，其中多蠵（xī）龟。有鱼焉，其状如鲤而六足鸟尾，名曰鮯鮯（gé）之鱼，其鸣自訆。

注释

[1] 流沙：《五藏山经传》卷四："流沙在要儿梁西北，长四十里，沙之北尾之东，即唐津江入海之口也。" [2] 跂踵之山：《五藏山经传》卷四："（扶莐水口）约二百余里溯江东行，曲折东北约三百里至珍岑城北，城南即跂踵山，象扶莐水为名也。山之南为连山县，山西有泥山城，有小水西入向江，即深泽。"莐，《说文》："日

鮯鮯鱼

出东方汤谷所登榑（fú）桑。叒木：榑桑也。榑桑者，桑之长也，故字从叒。"

蹲隅山　无皋山

原文

又南水行九百里，曰蹲（mǔ）隅之山①。其上多草木，多金玉，多赭。有兽焉，其状如牛而马尾，名曰精精，其鸣自訆。

又南水行五百里，流沙三百里，至于无皋之山②，南望幼海③，东望榑（fú）木④，无草木，多风。是山也，广员百里。

注释

①蹲隅之山：《五藏山经传》卷四作"蹲禺之山"："尸胡南也。荣城以东海岸参差象狒狒迅走踵反，故曰蹲禺。"②无皋之山：《五藏山经传》卷四："今自鸭绿江口循海西南百八十余里得沙河口，又五十里大庄河合沙河来入，又百四十里经水口四至大沙河口，又三十里至澄沙河口，此二百余里中海中小岛十有九傍岸，皆沙浅，又百三十里讫旅顺城曰无皋之山，即《北次三经》云'鸡号之山'也。无皋，小儿号乳也，象形。"③幼海：郭璞注："即少海也。"《淮南子》曰："东方大渚曰少海。"④榑木：扶桑。《洪范》："东方之极，自碣石东至日出榑木之野。"古人认为太阳从"榑木之野"升起。

精精

结　语

原文

凡《东次三经》之首，自尸胡之山至于无皋之山，凡九山，六千九百里。其神状皆人身而羊角。其祠：用一牡羊，米用黍。是神也，见则风雨水为败。

第四列山脉

北号山　旄　山
东始山　女烝山
钦　山　子桐山
剡　山　太　山

北号山　旄山

原文

又《东次四经》之首，曰北号之山①，临于北海。有木焉，其状如杨，赤华，其实如枣而无核，其味酸甘，食之不疟。食水出焉，而东北流注于海。有兽焉，其状如狼，赤首鼠目，其音如豚，名曰猲（gé）狙，是食人。有鸟焉，其状如鸡而白首，鼠足而虎爪，其名曰鬿（qí）雀，亦食人。

又南三百里，曰旄山②，无草木。苍体之水出焉，而西流注于展水，其中多鳛（qiū）鱼③，其状如鲤而大首，食者不疣。

注释

①北号之山：《五藏山经传》卷四："北号在开原县东北二百里，为小濝河东源之大小雅哈河所出山，西自兴安岭循辽河北岸来折而南为此山，自北而南正支尽于鸭绿江口，其分支自松花西源东走，为东源所出之长白顶，又北为呼拉哈源，又东为乌苏里源，水皆北流下山，总曰北号。"②旄山：《五藏山经传》卷四："鸭绿江上游北岸自三道沟以东小水十，南岸小水五，象旄形，亦象苍木不去其枝之形……体犹支也。山即三道沟所出之斐德里山，其水南入鸭绿而西南与佟家江会，即展水。"③鳛鱼：即泥鳅。

东 始 山

原文

又南三百二十里，曰东始之山[1]，上多苍玉。有木焉，其状如杨而赤理，其汁如血，不实，其名曰芑（qǐ），可以服马[2]。泚水出焉，而东北流注于海，其中多美贝。多茈鱼，其状如鲋，一首而十身，其臭如蘪芜[3]，食之不糦（pì）[4]。

注释

[1]东始之山：《五藏山经传》卷四："山即松花西源柳沟河所出，兴安支干东行之始也。" [2]可以服马：郭璞曰："以汁涂之，则马调良。" [3]蘪芜：即蘼芜，川芎的苗，叶似当归，香气似白芷。 [4]糦：屁，中医指元气下泄的疾病。

女 烝 山

原文

又东南三百里，曰女烝（zhēng）之山[1]，其上无草木。石膏水出焉，而西注于鬲（gé）水[2]，其中多薄鱼，其状如鳣鱼而一目，其音如欧（ǒu）[3]，见则天下大旱。

注释

[1]女烝之山：《五藏山经传》卷四："山盖在鸭绿江东岸朝鲜张杰城之东，有水西流合东南水而西注江，亦象女子天侧形而前临鬲水，故曰女烝。" [2]鬲水：《五藏山经传》卷四："鸭绿自栗子沟以南、佟家自玛察河口以南，两江左右环合，象鬲形也。" [3]欧：同"呕"，郭璞曰："如人呕吐声也。"

钦 山

又东南二百里，曰钦山[1]，多金玉而无石。师水[2]出焉，而北流注于皋泽[3]。其中多鳞鱼，多文贝。有兽焉，其状如豚而有牙[4]，其名曰当康，其鸣自訆，见则天下大穰。

[1][2]钦山、师水：《五藏山经传》卷四："山在辽阳州东，嶻厂门内之西南，为哈什玛河所出。钦，吟也。师，替师也。嶻厂门河自东南导源少，东北流折西北会南二水及哈什河，象鼓琴推其指之状。"[3]皋泽：《五藏山经传》卷四："皋泽即泰泽，河水浑流，所潴多涂也。"[4]牙：獠牙。

当 康

子桐山 剡山

又东南二百里，曰子桐之山[1]。子桐之水出焉，而西流注于余如之泽[2]。其中多鲭鱼，其状如鱼而鸟翼，出入有光，其音如鸳鸯，见则天下大旱。

又东北二百里，曰剡（shàn）山[3]，多金玉。有兽焉，其状如彘而人面，黄身而赤尾，其名曰合窳（yǔ），其音如婴儿。是兽也，食人，亦食虫蛇，见则天下大水。

注释

①②子桐之山、余如之泽：《五藏山经传》卷四作"辛桐之山"："辛、梓通。梓桐，琴材也。山为瑷河东源所导，西南会分水岭水而西南而东南入鸭绿江注海，海自口南东曲为大渚谓之余如之泽也。"③剡山：《五藏山经传》卷四："今山在哈达河南岸，尽峰也，北岸即哈达城，并因山为名。哈达，满洲谓山峰也。"

太　山

原文

又东二百里，曰太山①，上多金玉、桢木。有兽焉，其状如牛而白首，一目而蛇尾，其名曰蜚，行水则竭，行草则死，见则天下大疫。钩（gōu）水②出焉，而北流注于劳水③，其中多鳡鱼。

注释

①②太山、钩水：《五藏山经传》卷四："山为小潦西源，库鲁河所出，北会赫尔苏河、雅哈河，屈西南注潦水，象钩形。"③劳水：《五藏山经传》卷四作"涝水"："涝同潦也。"

鳡鱼

结　语

原文

凡《东次四经》之首，自北号之山至于太山，凡八山，一千七百二十里①。右《东经》之山，凡四十六山，万八千百六十里。

注释

①《山海经笺疏》："此经不言神状及祠物所宜，疑有阙脱。"

中 山 经

　　《中山经》记录了处于中央地域的十二列山脉。十二列山脉中，最长的是薄山山脉，全长约三千三百三十五千米；最短的是阳山山脉，只有约一百三十三千米。众多的奇山孕育了大量奇怪的动植物，也催生了人们的想象力，例如夸父山，就被认为是夸父追日途中渴死变化而成，他的手杖就变成了一片美丽的桃林。

第一列山脉

薄　山　甘枣山
历儿山　渠猪山
葱聋山　湊　山
脱扈山　金星山
泰威山　橿谷山
吴林山　牛首山
霍　山　合谷山
阴　山　鼓镫山

薄山　甘枣山

原文

　　《中山经》薄山①之首，曰甘枣之山②。共（gōng）水③出焉，而西流注于河。其上多杻木。其下有草焉，葵本而杏叶，黄华而荚（jiá）实，名曰箨（tuò），可以已瞢（méng）④。有兽焉，其状如獃（dú）鼠⑤而文题，其名曰㺠（nuó），食之已瘿。

㺠

注释

　　①薄山：《山海经笺疏》："山在今山西蒲州府南，禹都平阳，或在安邑，故以薄山为'中山'也。"②甘枣之山：《山海经笺疏》："甘枣，《水经注》引作甘桑。又《括地志》说兹山凡十余名，以州县分之，多在蒲州。"③共水：共，同"恭"。《山海经笺疏》："《水经注》云：'蓼水，出襄山蓼谷，西南注于河。……蓼水即共水。'"④瞢：目不明。⑤獃鼠：像鼠的一种兽。

历儿山　渠猪山

原文

　　又东二十里，曰历儿之山①。其上多橿，多櫪（lǐ）木，是木也，方茎而员叶，黄华而毛，其实如楝（liàn）②，服之不忘。
　　又东十五里，曰渠猪之山③，其上多竹。渠猪之水出焉，而南流注于河。其中是多豪鱼，状如鲔，赤喙尾赤羽，可以已白癣（xuǎn）。

①历儿之山：《山海经笺疏》："《水经注》云：'河东郡南有历山，舜所耕处也。'《史记正义》引《括地志》云：'蒲山亦名历山，即此也。盖与薄山连麓而异名。'"②楝：汪绂著《医林纂要探源》云："楝木似槐子，如指头，色白而粘，可捣以浣衣，服之益肾。"③渠猪之山：《山海经笺疏》："《括地志》云：'薄山亦名猪山。'"

豪鱼

葱聋山　湊山　脱扈山

原文

又东三十五里，曰葱聋之山①。其中多大谷，是多白垩，黑、青、黄垩。

又东十五里，曰湊（wō）山。其上多赤铜，其阴多铁。

又东七十里，曰脱扈（hù）之山。有草焉，其状如葵叶而赤华，荚实，实如棕荚，名曰植楮（chǔ），可以已瘕②，食之不眯③。

注释

①葱聋之山：在今山西省芮城县北部。《山海经笺疏》："自此下七山，亦皆与薄山连麓而异名。"②瘕：郭璞注："瘕，瘘也。"《说文》："瘘，颈肿也。"传统医学指颈部生疮，久而不愈，常出脓水。③眯：梦魇，噩梦。

金星山　泰威山　橿谷山　吴林山

原文

又东二十里，曰金星之山。多天婴，其状如龙骨①，可以已痤。

又东七十里，曰泰威之山。其中有谷曰枭谷，其中多铁。

又东十五里，曰橿谷之山，其中多赤铜。

又东百二十里，曰吴林之山，其中多葌（jiān）草②。

注释

①龙骨：应为古时某种动物的化石。《山海经笺疏》曰："《本草别录》云：'龙骨生晋地川谷及太山岩水岸土穴中死龙处。'"②葌草：兰草。

牛首山　霍山　合谷山

原文

　　又北三十里，曰牛首之山①。有草焉，名曰鬼草，其叶如葵而赤茎，其秀如禾，服之不忧。劳水出焉，而西流注于潏（jué）水②，是多飞鱼，其状如鲋鱼，食之已痔衕（tòng）。

　　又北四十里，曰霍山③，其木多穀。有兽焉，其状如狸而白尾，有鬣（liè），名曰朏朏（fěi），养之可以已忧。

　　又北五十二里，曰合谷之山④，是多薝（zhān）棘⑤。

注释

　　①牛首之山：《山海经笺疏》："此山在霍太山之南，当在今山西浮山界。《水经·汾水》注有'黑山'即此。《太平寰宇记》云：'神山县黑山，在县东四十四里，一名牛首，今名乌岭山。'"②潏水：《水经注》："潏水即巢山之水也。水源东南出巢山东谷，北经浮山东，又西北流与劳水合，乱流西北，经高梁城北，西流入于汾。"③霍山：《尔雅》："大山绕小山为霍。"④合谷之山：《山海经笺疏》："《玉篇》：作'金谷多薝棘'。"⑤薝棘：薝，薝卜，一种植物，开白色花；棘，酸枣树。

飞 鱼

阴山　鼓镫山

原文

　　又北三十五里，曰阴山①，多砺石、文石。少水出焉。其中多彫棠，其叶如榆叶而方，其实如赤菽（shū），食之已聋。

　　又东四百里，曰鼓镫（dēng）之山②，多赤铜。有草焉，名曰荣草，其叶如柳，其本如鸡卵，食之已风。

注释

　　①阴山：郭璞注："亦曰'险山'。"②鼓镫之山：毕沅《山海经新校正》："即钟鼓山，在今山西垣曲县。"

109

结　语

原文

　　凡薄山之首，自甘枣之山至于鼓镫之山，凡十五山，六千六百七十里。历儿，冢①也，其祠礼：毛，太牢之具，县②以吉玉。其余十三山者，毛用一羊，县婴用桑封③，瘗而不糈。桑封者，桑主也，方其下而锐其上，而中穿之，加金。

注释

　　①冢：义同"宗"，宗主，即众山的宗主。②县：《尔雅》："祭山曰庪（guǐ）、县。"县，古同"悬"，吊挂；庪，古同"庋"，置放器物的架子。③县婴用桑封：婴，绕。桑封，应为"桑主"之误。桑主，古代虞祭用桑木做的神主（牌位）。虞祭，古代丧葬后举行的祭祀仪式。

第二列山脉

济　山　辉诸山

发视山　豪　山

鲜　山　阳　山

昆吾山　蒐　山

独苏山　蔓渠山

济山　辉诸山

原文

《中次二经》济山之首，曰辉诸之山[1]，其上多桑，其兽多闾麋，其鸟多鹖（hé）[2]。

注释

[1]辉诸之山：《山海经笺疏》："山在上党。"[2]鹖：郭璞注："似雉而大，青色有毛，勇健，斗死为止。"

发视山　豪山　鲜山

原文

又西南二百里，曰发视之山。其上多金玉，其下多砥砺。即鱼之水出焉，而西流注于伊水。

又西三百里，曰豪山，其上多金玉而无草木。

又西三百里，曰鲜山[1]，多金玉，无草木。鲜水出焉，而北流注于伊水。其中多鸣蛇，其状如蛇而四翼，其音如磬，见则其邑大旱。

注释

①鲜山：《水经注》卷十五："伊水又东北，鲜水入焉，水出鲜山，北流注于伊。"《山海经笺疏》："山当在今河南嵩县。"

鸣 蛇

阳 山

原文

又西三百里，曰阳山①，多石，无草木。阳水②出焉，而北流注于伊水。其中多化蛇，其状如人面而豺身，鸟翼而蛇行，其音如叱呼，见则其邑大水。

注释

①阳山：《隋书·地理志》："陆浑县，有阳山。"②阳水：《山海经笺疏》："《水经注》云'阳水出阳山阳溪，世人谓之太阳谷，水亦取名焉，东流入伊水'。"

昆吾山 蔓山

原文

又西二百里，曰昆吾之山①，其上多赤铜。有兽焉，其状如彘而有角，其音如号，名曰蠪蚳（chí），食之不眯。

又西百二十里，曰蔓山②。蔓水③出焉，而北流注于伊水。其上多金玉，其下多青、雄黄。有木焉，其状如棠而赤叶，名曰芒草，可以毒鱼。

注释

①昆吾之山：郭璞注："此山出名铜，色赤如火。"《山海经笺疏》："周穆王大征西戎，西戎献锟铻之剑。"②蔓山：《山海经笺疏》："山当在今河南卢氏县西南。"③蔓水：《山海经笺疏》："《水经注》云：'伊水自熊耳东北，迳鸾川亭北。蔓水出蔓山，北流，际其城东而北入伊水。世人谓伊水为鸾水，蔓水为交水。故名斯川为鸾川也。'"

蠪蚳

独苏山　蔓渠山

原文

又西一百五十里，曰独苏之山①，无草木而多水。

又西二百里，曰蔓渠之山②。其上多金玉，其下多竹箭。伊水出焉，而东流注于洛。有兽焉，其名曰马腹，其状如人面虎身，其音如婴儿，是食人。

注释

①独苏之山："苏"的繁体字为"蘇"，其本字为"穌"，本字是"穌"，原指草穿鳃提鱼，鱼落水而复活。后文的"无草木而多水"，也说明了此山何以得名。②蔓渠之山：《山海经笺疏》："《水经注》云'即熊耳山之连麓'是也。山在今河南卢氏县熊耳山西。"

马　腹

结　语

原文

凡济山经之首，自辉诸之山至于蔓渠之山，凡九山，一千六百七十里，其神皆人面而鸟身。祠用毛，用一吉玉，投而不糈。

第三列山脉

蓖　山　敖岸山
青要山　騩　山
宜苏山　和　山

蓖山　敖岸山

原文

　　《中次三经》蓖（bèi）山之首①，曰敖岸之山②。其阳多㻬琈之玉，其阴多赭、黄金。神熏池居之。是常出美玉。北望河林，其状如蒨（qiàn）如举③。有兽焉，其状如白鹿而四角，名曰夫诸，见则其邑大水。

注释

　　①蓖山：《山海经笺疏》："《竹书》云'夏帝孔甲三年，畋（tián）于蓖山'，即此。《水经·河水》注引《吕氏春秋·音初篇》云'男于东阳蓖山'，《帝王世纪》以为'即东首阳山'也，盖是山之殊目矣。"畋，打猎。②敖岸之山：毕沅《山海经新校正》："《春秋传》云'敖、鄗之间，疑此山'。"③如蒨如举：蒨通"茜"，即茜草，也称血茜草、血见愁。举，即榉树，落叶乔木，木材坚实且耐水湿。

夫　诸

青要山

原文

　　又东十里，曰青要之山①，实惟帝之密都②。北望河曲，是多驾（jiā）鸟。南望墠（shàn）渚，禹父之所化，是多仆累、蒲卢。䰠（shén）武罗司之，其状人面而豹文，小要而白齿，而穿耳以镰（qú），其鸣如鸣玉。是山也，宜女子。畛（zhěn）水③出焉，而北流注于河。其中有鸟焉，名曰鹨（yǎo），其状如凫，青身而朱目赤尾，食之宜子。有草焉，其状如蘹，而方茎，黄华赤实，其本如藁本，名曰荀草，服之美人色。

注释

①青要之山：《山海经笺疏》："山在今河南新安县西北二十里。"②密都：天帝隐密深邃的都邑。《尔雅》："山如堂者，密。"③㖟水：《山海经笺疏》："《水经注》云：'河水与教水合，又与㖟水合。水出新安县青要山，其水北流入于河。'引此经云云，即是水也。"

鸩

騩　　山

原文

又东十里，曰騩山①。其上有美枣，其阴有琈㻌之玉。正回之水②出焉，而北流注于河。其中多飞鱼，其状如豚而赤文，服之不畏雷，可以御兵。

注释

①騩山：《水经注》："新安县青要山，今谓之强山；騩山，强山东阜也。"②正回之水：《山海经笺疏》："河水与㖟水合。又东，正回之水入焉，水出騩山。"

飞　鱼

宜苏山　和山

原文

又东四十里，曰宜苏之山①。其上多金玉，其下多蔓荆之木。滽滽（yōng）之水②出焉，而北流注于河，是多黄贝。

又东二十里，曰和山③。其上无草木而多瑶、碧，实惟河之九都。是山也五曲，九水出焉，合而北流注于河，其中多苍玉。吉神泰逢司之，其状如人而虎尾，是好居于萯（bèi）山之阳，出入有光。泰逢神动天地气也。

注释

①宜苏之山：《水经注》："山在河垣县。"②潚潚之水：《水经注》："水出河垣县宜苏山，俗谓之长泉水。"③和山：《山海经笺疏》："山当在今河南孟津县界。"

结　语

原文

凡薈山之首，自敖岸之山至于和山，凡五山，四百四十里。其祠：泰逢、熏池、武罗，皆一牡羊副①，婴用吉玉。其二神用一雄鸡瘗之，糈用稌。

注释

①羊副：郭璞注："副，谓破羊骨，磔之以祭也。"

第四列山脉

鹿蹄山　扶猪山

厘　山　箕尾山

柄　山　白边山

熊耳山　牡　山

谨举山

鹿 蹄 山

原文

《中次四经》厘山之首，曰鹿蹄之山[1]。其上多玉，其下多金。甘水[2]出焉，而北流注于洛，其中多泠（gàn）石。

注释

[1]鹿蹄之山：《山海经笺疏》："《水经》云'鹿蹄山在宜阳县'。《注》云'山在河南陆浑县故城西北，俗谓之纵山……山石之上有鹿蹄，自然成著，非人功所刊'。"　[2]甘水：《山海经笺疏》："《水经》云：'甘水出弘农宜阳县鹿蹄山。'"

扶 猪 山

原文

西五十里曰扶猪之山[1]，其上多礝（ruǎn）石[2]。有兽焉，其状如貉而人目，其名曰䝏（yín）。虢水[3]出焉，而北流注于洛，其中多瓀（ruǎn）石[4]。

注释

①扶猪之山：应在鹿蹄山西北。《玉篇》作"状腊（dǔ）之山"。②礝石：次于玉的美石。③虢水：《山海经笺疏》："《水经》云：'洛水与虢水会；水出扶猪之山，北流注于洛。'"④璸石：即礝石。

麢

厘　山

原文

又西一百二十里，曰厘山①。其阳多玉，其阴多蒐（sōu）②。有兽焉，其状如牛，苍身，其音如婴儿，是食人，其名曰犀渠。滽滽之水出焉，而南流注于伊水。有兽焉，名曰獭（xié），其状如獳（nòu）犬③而有鳞，其毛如彘鬣④。

注释

①厘山：《山海经笺疏》："山在今河南嵩县西。"②蒐：即茜草。③獳犬：《说文》："獳，怒犬儿。"④鬣：鬃毛。

獭

箕尾山　柄山

原文

又西二百里，曰箕尾之山①，多穀，多涂石②，其上多㻍琈之玉。
又西二百五十里，曰柄山③。其上多玉，其下多铜。滔雕之水出焉，而北流注于洛。其中多羬羊。有木焉，其状如樗，其叶如桐而荚实，其名曰茇（bá）④，可以毒鱼。

注释

①箕尾之山：《山海经笺疏》："或云即箕山，许由所隐，非也。箕山在厘山之东二百里，与经言'西'不合。"②涂石：《山海经笺疏》中释为"泠石"。③柄山：《山海经笺疏》："柄山、滔雕水及下文白边山，计其道里，当在宜阳、永宁、卢氏三县之境。"④芨：一说是古树名，又一说是艾草。

白边山　熊耳山

原文

又西二百里，曰白边之山①。其上多金玉，其下多青、雄黄。

又西二百里，曰熊耳之山②。其上多漆，其下多椶。浮濠之水出焉，而西流注于洛，其中多水玉，多人鱼。有草焉，其状如苏而赤华，名曰葶（tíng）苧（níng），可以毒鱼。

注释

①白边之山：见上文注③。②熊耳之山：《山海经笺疏》："山在今陕西洛南县东南，河南卢氏县西南，洛水所经。"

牡山　谨举山

原文

又西三百里，曰牡山①。其上多文石，其下多竹箭、竹䉥。其兽多㸲牛、羬羊，鸟多赤鷩。

又西三百五十里，曰谨举之山②。雒水出焉，而东北流注于玄扈之水。其中多马肠之物。此二山者③，洛间也。

注释

①牡山：《山海经笺疏》："《尔雅疏》引此经作'牝山'，《藏经》

本作'壮山'。"②谨举之山：《山海经笺疏》："《水经》云'洛水出京兆上洛县谨举山'，《地理志》云'弘农郡，上雒。《禹贡》：雒水出冢领山'。冢领山当即谨举山也。"③二山：《山海经笺疏》："此二山者，谓玄扈、谨举也。《水经注》引此经支，又云'玄扈之水出于玄扈之山'，盖山水受其目也。"

赤鷩

结 语

原文

凡厘山之首，自鹿蹄之山至于玄扈之山，凡九山，千六百七十里。其神状皆人面兽身。其祠之：毛用一白鸡，祈而不糈，以采衣之①。

注释

①以采衣之：采，通"彩"；衣，作动词，即用彩帛装饰。

第五列山脉

薄　山　　苟床山

首　山　　县厮山

葱聋山　　条谷山

超　山　　成侯山

朝歌山　　槐　山

历　山　　尸　山

良余山　　蛊尾山

升　山　　阳虚山

薄山　苟床山　首山

原文

《中次五经》薄山之首，曰苟床之山[1]。无草木，多怪石。

东三百里，曰首山[2]。其阴多榖柞，其草多茶（zhú）[3]、芫。其阳多㻬琈之玉，木多槐。其阴有谷，曰机谷，多䮝（dài）鸟，其状如枭而三目，有耳，其音如录[4]，食之已垫[5]。

注释

①苟床之山：郭璞注："或作'苟林山'。"②首山：《山海经笺疏》："首山与华山、太室并称，盖山在蒲州蒲坂，与嵩、华连接而为首，故山因取名与？"高诱《吕氏春秋注》："首山在蒲坂之南，河曲之中，伯夷所隐也。"蒲坂、河曲皆在山西。③茶：山蓟，是一种药材，分为苍术和白术。④录：《山海经笺疏》："录，盖鹿假音。《玉篇》作'音如豕'。"⑤已垫：《尚书》："下民昏垫。"郝懿行："是垫盖下湿之疾。"即治疗湿气病。

县斸山　葱聋山　条谷山

原文

又东三百里，曰县斸（zhú）之山。无草木，多文石。

又东三百里，曰葱聋之山①。无草木，多㻡（bàng）石②。

东北五百里，曰条谷之山③。其木多槐桐，其草多芍药、𦃝（mén）冬④。

注释

①葱聋之山：与薄山山系同名，但不是同一座山。具体位置待考。②㻡石：品质仅次玉的一种石头。③条谷之山：具体位置待考。④𦃝冬：麦门冬和天门冬。

超山　成侯山

原文

又北十里，曰超山①。其阴多苍玉，其阳有井，冬有水而夏竭。

又东五百里，曰成侯之山②。其上多櫄（chūn）木，其草多芃（péng）③。

注释

①超山：待考。《山海经笺疏》："视山有井，夏有水，冬竭，与此相反。"②成侯之山：待考。③芃：茾之误，即秦茾。芃，指草盛，非草名。

朝歌山　槐山　历山

原文

又东五百里，曰朝歌之山①，谷多美垩。

又东五百里，曰槐山②，谷多金锡。

又东十里，曰历山③，其木多槐，其阳多玉。

注释

①朝歌之山：《山海经笺疏》：在第十一列山脉同名山注："山在今河南泌阳县西北。"②槐山：《山海经笺疏》："毕氏云槐当为'稷'，形相近，字之误也。稷山在今山西稷山县。《太平御览》引《隋图经》曰：'稷山在绛

郡，后稷播百谷于此山。'"古绛郡在山西境内。③历山：《山海经笺疏》："即上文历儿山。《水经注》云'河东郡南有历山，舜所耕处也。'"

尸山　良余山

原文

又东十里，曰尸山①。多苍玉，其兽多麖（jīng）②。尸水出焉，南流注于洛水，其中多美玉。

又东十里，曰良余之山③。其上多穀柞，无石。余水出于其阴，而北流注于河；乳水④出于其阳，而东南流注于洛。

注释

①尸山：《山海经笺疏》："《水经·洛水》注有'尸山'，尸作'户'。"②麖：郭璞注："似鹿而小，黑色。"③良余之山：《水经注》："渭水又东，余水注之。水南出良余山阴，北流入于渭，俗谓宣水也。"《通志》记载："今名秦望山，俗称秦王山。"④乳水：《水经注》："洛水又东，得乳水。水北出良余山南，南流注于洛。"

蛊尾山　升山　阳虚山

原文

又东南十里，曰蛊尾之山①，多砺石、赤铜。龙余之水②出焉，而东南流注于洛。

又东北二十里，曰升山③。其木多穀，柞、棘，其草多藷藇、蕙，多寇脱。黄酸之水出焉，而北流注于河，其中多璇玉。

又东二十里，曰阳虚之山④，多金，临于玄扈之水。

注释

①蛊尾之山：《水经注》作"虫尾"。②龙余之水：《水经注》："洛水得乳水，又东，会龙余之水。水出虫尾之山，东流入洛。"③升山：《水经注》："渭水又东，合黄酸之水，世名之为千渠水。水南出升山，北流注于渭。"④阳虚之山：《水经注》："洛水又东至杨虚山，合玄扈之水。"《山海经笺疏》："阳虚山在今陕西洛南县。"

结 语

　　凡薄山之首，自苟床之山至于阳虚之山，凡十六山，二千九百八十二里。升山，冢也，其祠礼：太牢，婴用吉玉。首山，䰠①也，其祠用稌、黑牺太牢之具、蘖（niè）酿②；干儛（wǔ）③，置鼓；婴用一璧。尸水，合天也，肥牲祠之；用一黑犬于上，用一雌鸡于下，刉（jī）④一牝⑤羊，献血。婴用吉玉，采之，飨之⑥。

　　①䰠：同"神"。②蘖酿：古时有曲法酿酒、蘖法酿醴之说。蘖酿的酒一般酒精含量比较低，古称醴酒。③干儛：万儛。《夏小正传》："万也者，干戚舞也。"干，盾；儛，同"舞"。④刉：割破。郑玄："衈礼之事用牲，毛者曰刉，羽者曰衈。"《周礼》："刉珥（èr），奉犬牲。"口耳之间曰珥。⑤牝：鸟兽的雌性。⑥飨：请神来享用。郭璞注："特牲馈食礼曰'执奠祝飨'是也。"祝，祭祀时主持祭礼之人。

第六列山脉

平逢山　缟羝山

厪　山　瞻诸山

娄涿山　白石山

縠　山　密　山

长石山　傅　山

橐　山　常烝山

夸父山　阳华山

平逢山

原文

《中次六经》缟羝（dī）山之首，曰平逢之山[1]，南望伊、洛，东望谷城之山[2]。无草木，无水，多沙石。有神焉，其状如人而二首，名曰骄虫，是为螫（shì）虫，实惟蜂蜜之庐。其祠之：用一雄鸡，禳[3]而勿杀。

注释

[1]平逢山：《山海经笺疏》："《水经注·谷水》引此经作'平蓬山'，即北邙山、郏山之异名也。"[2]谷城之山：《山海经笺疏》："《地理志》云'河南郡，谷成'，盖县因山为名，山在今河南洛阳县北。"[3]禳：古代除邪消灾的祭祀。

缟羝山　廆山

原文

西十里，曰缟羝之山①。无草木，多金玉。

又西十里，曰廆（guī）山②。其阴多琈珸之玉。其西有谷焉，名曰雚（guàn）谷，其木多柳、楮。其中有鸟焉，状如山鸡而长尾，赤如丹火而青喙，名曰鸰（líng）鹞（yào），其鸣自呼，服之不眯。交觞（shāng）之水③出于其阳，而南流注于洛；俞随之水出于其阴，而北流注于谷水。

注释

①缟羝之山：《山海经笺疏》："《水经注》云：'平蓬山十里廆山'，是不数此山也。然得此乃合于此经十四山之数，疑《水经注》脱去之。"②廆山：毕沅《山海经新校正》："山当在今河南河南县西。"③交觞之水：《山海经笺疏》："觞，《水经·洛水》注作'触'，云：'惠水又东南，滽水北出瞻诸之山。东南流，又有交触之水，北出廆山，南流，俱合惠水。惠水又南流，入于洛水。'"

瞻诸山　娄涿山　白石山

原文

又西三十里，曰瞻诸之山①。其阳多金，其阴多文石。滽（xiè）水出焉，而东南流注于洛；少水出其阴，而东流注于谷水。

又西三十里，曰娄涿之山。无草木，多金玉。瞻水②出于其阳，而东流注于洛；陂水③出于其阴，而北流注于谷水。其中多紫石、文石。

又西四十里，曰白石之山④。惠水⑤出于其阳，而南流注于洛，其中多水玉。涧水⑥出于其阴，西北流注于谷水，其中多麋石⑦、栌丹⑧。

注释

①瞻诸之山：《山海经笺疏》："山见《水经注》，《玉篇》作'瞻渚之山'。"②瞻水：《水经注》："惠水出白石山之阳。东南流与瞻水合，水东出娄涿之山，而南流入惠水。"③陂水：郭璞注："世谓百苔水。"《水经注》作"波"。④白石之山：《山海经笺疏》："涧水出新安县南白石山。"⑤惠水：《水经注》："洛水自枝渎又东出关，惠水右注之，世谓之八关水。"⑥涧水：《山海经笺疏》："《水经》：'涧水出新安县南白石山。'《说文》：'涧水出弘农新安，东南入洛。'"⑦麋石：麋，通"眉"，可用来制作涂饰品的黑色矿石。《水经注》："洛水之侧有古墨山，山石尽黑，可以书疏。"⑧栌丹：栌，通"卢"，黑色。卢丹即黑丹砂，一种黑色矿物。

榖山　密山

原文

又西五十里，曰榖山①。其上多榖，其下多桑。爽水②出焉，而西北流注于谷水，其中多碧绿。

又西七十二里，曰密山③。其阳多玉，其阴多铁。豪水出焉，而南流注于洛。其中多旋龟，其状鸟首而鳖尾，其音如判木。无草木。

注释

①榖山：《太平寰宇记》："渑池县，榖山在县南八十里。"②爽水：郭璞注："世谓纟麻涧。"③密山：《山海经笺疏》："山如堂者，密。此密在今河南新安县也。《水经注》云：'洛水又东与豪水会。水出新安县密山。'"

长石山　傅山

原文

又西百里，曰长石之山[1]。无草木，多金玉。其西有谷焉，名曰共谷，多竹。共水出焉，西南流注于洛，其中多鸣石[2]。

又西一百四十里，曰傅山[3]。无草木，多瑶碧。厌染之水出于其阳，而南流注于洛，其中多人鱼。其西有林焉，名曰墦（fán）冢。谷水出焉，而东流注于洛，其中多珚（yān）玉。

注释

[1]长石之山：《山海经笺疏》："山在今河南新安县。"[2]鸣石：一种色青似玉的石头。郭璞《江赋》："鸣石列于阳渚。"[3]傅山：《水经注》："洛水又东，与厌染之水合，水出县北傅山大陂。"县，指宜阳。

橐山　常烝山

原文

又西五十里，曰橐山，其木多樗，多楢（bèi）木[1]。其阳多金玉，其阴多铁，多萧[2]。橐水出焉，而北流注于河。其中多修辟之鱼，状如黾[3]而白喙，其音如鸱，食之已白癣。

又西九十里，曰常烝之山[4]。无草木，多垩。潐（qiáo）水出焉，而东北流注于河，其中多苍玉。菑（zī）水出焉，而北流注于河。

注释

[1]楢木：郭璞注："今蜀中有楢木，七八月中吐穗，穗成，如有盐粉著状，可以酢羹，音备。"[2]萧：《尔雅》：萬、荻。[3]黾：一种蛙类。[4]常烝之山：《水经注》："河水又东，菑水注之，水出常烝之山。《隋志》：'桃林有淄水'即菑水也。"桃林县，古县名。隋开皇十六年（596）置，治今河南省灵宝市北老城。

夸父山　阳华山

原文

又西九十里，曰夸父之山[1]。其木多椶枏，多竹箭。其兽多柞牛、羬羊，其鸟多鷩，其阳多玉，其阴多铁。其北有林焉，名曰桃林，是广员三百里，其中多马。湖水[2]出焉，而北流注于河，其中多珚玉。

又西九十里，曰阳华之山[3]。其阳多金玉，其阴多青、雄黄，其草多蓣蒲，多苦辛，其状如楢（qiū）[4]，其实如瓜，其味酸甘，食之已疟。杨水[5]出焉，而西南流注于洛。其中多人鱼。门水出焉，而东北流注于河，其中多玄礵（sù）。缯（jí）姑之水[6]出于其阴，而东流注于门水，其上多铜。门水出于河，七百九十里入雒水。

注释

[1]夸父山：《山海经笺疏》："山一名秦山，与太华相连，在今河南灵宝县东南。"[2]湖水：《山海经笺疏》："河水又东，迳湖县故城北。《魏土地记》：'弘农湖县有轩辕黄帝登仙处，名其地为鼎湖也。'"[3]阳华山：《山海经笺疏》："或曰在华阴西。"今华阴市东南。[4]楢：郭璞注："即楸也。"楸，一种落叶乔木。[5]杨水：《山海经笺疏》："杨水即缯姑水之分流岐出者。其水流入门水，又注于洛水。"[6]缯姑之水：《山海经笺疏》："《水经注》云'河水东合柏谷水，又东，右合门水。门水又东北历阳华之山。'又云'门水又东北历邑川，二水注之。左水出于阳华之阴，东北流迳盛墙亭西，东北流与右水合；右水出于阳华之阳，东北流迳盛墙亭东，东北与左水合，即《山海经》所谓缯姑之水'。"

结 语

原文

　　凡缟羝山之首，自平逢之山至于阳华之山，凡十四山，七百九十里。岳①在其中，以六月②祭之，如诸岳之祠法③，则天下安宁。

注释

　　①②岳：郭璞认为此岳为中岳，说"六月亦岁之中。"《山海经笺疏》："岳当谓华山也，郭以为中岳，盖失之，中岳在下文。"③诸岳之祠法：《山海经笺疏》："后汉顺帝阳嘉元年，望都蒲阴狼杀人，《东观书》言'朱遂不祠北岳，致有斯灾'。"古时中山在河北中部。祠，祭祀。

第七列山脉

休与山　　鼓钟山

姑媱山　　苦　　山

堵　　山　　放皋山

大䏿山　　半石山

少室山　　泰室山

讲　　山　　婴梁山

浮戏山　　少陉山

太　　山　　末　　山

役　　山　　敏　　山

大騩山

休 与 山

原文

《中次七经》苦山之首，曰休与之山①。其上有石焉，名曰帝台②之棋，五色而文，其状如鹑卵。帝台之石，所以祷百神者也，服之不蛊。有草焉，其状如蓍③，赤叶而本丛生，名曰夙条，可以为箭（gǎn）④。

注释

①休与之山：《博物志》："在湖县。"郭璞注："与或作舆。"与，繁体为舆。②帝台：郭璞注："帝台，神人名。棋谓博棋也。"③蓍：蓍草，古人还用来卜筮。④箭：箭杆。

鼓钟山　姑媱山

原文

东三百里，曰鼓钟之山[1]，帝台之所以觞[2]百神也。有草焉，方茎而黄华，员叶而三成[3]，其名曰焉酸，可以为毒。其上多砺，其下多砥。

又东二百里，曰姑媱（yáo）之山[4]。帝女死焉，其名曰女尸，化为䔄（yáo）草，其叶胥成[5]，其华黄，其实如菟丘，服之媚于人。

注释

[1]鼓钟之山：《山海经笺疏》："吴氏云：'今名钟山，在河南陆浑县西南三十里。'"吴氏，指吴任臣，清代藏书家，著有《山海经广注》。[2]觞：请人喝酒。[3]三成：三层。[4]姑媱山：《山海经笺疏》："《文选·别赋》注引此经作'姑瑶'。"《别赋》，南朝江淹作。[5]胥成：重叠。

苦　　山

原文

又东二十里，曰苦山。有兽焉，名曰山膏，其状如逐（shǐ）[1]，赤若丹火，善詈（lì）[2]。其上有木焉，名曰黄棘，黄华而员叶，其实如兰，服之不字[3]。有草焉，员[4]叶而无茎，赤华而不实，名曰无条，服之不瘿。

注释

[1]逐：同"豕"。[2]詈：骂。[3]字：怀孕、生育。[4]员：同"圆"。

堵山　放皋山

原文

又东二十七里，曰堵山[1]。神天愚居之，是多怪风雨。其上有木焉，名曰天楄（biān），方茎而葵状，服者不哽（yè）[2]。

又东五十二里，曰放皋之山[3]。明水[4]出焉，南流注于伊水[5]，其中多苍玉。有木焉，其叶如槐，黄华而不实，其名曰蒙木，服之不惑。有兽焉，其状如蜂，枝尾而反舌，善呼，其名曰文文。

注释

① 堵山：《山海经笺疏》："南阳郡，堵阳，疑县因山为名。" ② 不哩：
不噎。③ 放皋之山：《山海经笺疏》："《水经注》作'狼皋山'，山在今河
南鲁山县北。" ④ ⑤ 明水、伊水：《山海经笺疏》："伊水双东北过新城县南；
明水出梁县西狼皋山，俗谓之石涧水也。西北合康水，又西南流，入于伊。"

大苦山

原文

又东五十七里，曰大苦（kǔ）之山①。多琈珞之玉，多麋玉。有草
焉，其状叶如榆，方茎而苍伤②，其名曰牛伤，其根苍文，服者不厥③，
可以御兵。其阳狂水出焉，西南流注于伊水。其中多三足龟，食者无大
疾，可以已肿。

注释

① 大苦之山：清吴任臣著《山海经广注》："'苦'同'苦'，在旧颍
阳境。"《水经注》："伊水又北，迳当阶城西，大狂水入焉，水东出阳城
县之大苦山。" ② 苍伤：《本草经》：续断。③ 厥：郭璞注："逆气病。"
晕倒，失去知觉。

半石山

原文

又东七十里，曰半石之山①。其上有草焉，生而秀，其高丈余，赤叶
赤华，华而不实，其名曰嘉荣，服之者不霆②。来需之水出于其阳，而西
流注于伊水，其中多鲿（lún）鱼，黑文，其状如鲋，食者不睡。合水出
于其阴，而北流注于洛，多𩼊（téng）鱼，状如鳜（guì），居逵（kuí）③，
苍文赤尾，食者不痈，可以为瘘（lòu）。

注释

①半石之山：《山海经笺疏》："山在今河南偃师县东南。"②不霆：郭璞注："不畏雷霆霹雳也。"③遂：水中相互连接的洞穴。

少室山

原文

又东五十里，曰少室之山①。百草木成囷②。其上有木焉，其名曰帝休，叶状如杨，其枝五衢（qú）③，黄华黑实，服者不怒。其上多玉，其下多铁。休水出焉，而北流注于洛。其中多䱻鱼，状如盩（zhōu）蜼（wèi）④而长距，足白而对，食者无蛊疾，可以御兵。

注释

①少室之山：郭璞注："今在河南阳城西，俗名泰室。"《山海经笺疏》："嵩（chóng）高，武帝置，以奉泰至山，是为中岳。有太室、少室山庙。古文以崇高为外方山也。"外方山是秦岭东段规模较大的山脉之一。②囷：圆形的谷仓。③五衢：郭璞注："言树枝交错，相重五出，有象衢路也。"④盩蜼：黑色长尾猴。

泰室山

原文

又东三十里，曰泰室之山①。其上有木焉，叶状如梨而赤理，其名曰栯（yù）木，服者不妒。有草焉，其状如茶（zhú），白华黑实，泽如蘡（yīng）薁（yù）②，其名曰蓇草③，服之不眯。上多美石。

注释

①泰室之山：郭璞注："即中岳嵩高山也，今在阳城县西。"②蘡薁：郭璞注："言子滑泽。"《山海经笺疏》："盖即今之山葡萄。"③蓇草：与上文所讲蓇草同名但不是一种植物。

讲山　婴梁山　浮戏山

原文

又北三十里，曰讲山①。其上多玉，多柘，多柏。有木焉，名曰帝屋，叶状如椒，反伤②赤实，可以御凶。

又北三十里，曰婴梁之山。上多苍玉，锌于玄石。

又东三十里，曰浮戏之山③。有木焉，叶状如樗而赤实，名曰亢木，食之不蛊。汜水出焉，而北流注于河。其东有谷，因名曰蛇谷，上多少辛④。

注释

①讲山：河南登封北，属嵩山同脉。②反伤：郭璞注："刺下勾也。"③浮戏之山：《水经注》："浥水出河南密县西南马岭山。……浥水东流，绥水会焉，水出方山绥溪，即《山海经》所谓'浮戏之山'也。"④少辛：也称细辛，一种有药用价值的草。

少陉山　太山

原文

又东四十里，曰少陉（xíng）之山①。有草焉，名曰茴（gāng）草，叶状如葵，而赤茎白华，实如蘡薁，食之不愚。器难之水②出焉，而北流注于役水③。

又东南十里，曰太山④。有草焉，名曰梨，其叶状如萩而赤华，可以已疽。太水出于其阳，而东南流注于役水。承水⑤出于其阴，而东北流注于役。

注释

①少陉之山：《水经注》："水出京城西南小陉山。"《山海经广注》："嵩渚山名小陉山。"②器难之水：《山海经笺疏》："索水出京县西南嵩渚山，即古旃（zhān）然水也。其水东北流，器难之水注之，其水北流迳金亭，又北迳京县故城西，入于旃然之水。"旃然水即今河南荥阳市索河。③役水：《山海经笺疏》："《水经注》引作'侵水'，又云器难之水入于旃然之水，亦谓鸿沟水。疑'侵水'即'索水'。"④太山：郭璞注："别有东小太山，今在朱虚县。汶水所出，疑此非也。"⑤承水：郭璞注："世谓之靖涧水也。"《山

海经笺疏》：“中牟有清口水，白沟水注之。水有二源。北水出密之梅山东南，而东迳靖城南，与南水合。南水出太山，西北流至靖城南，左注北水，即承水也。”

末山　役山　敏山　大騩山

原文

又东二十里，曰末山[1]，上多赤金。末水[2]出焉，北流注于役。

又东二十五里，曰役山[3]，上多白金，多铁。役水出焉，北注于河。

又东三十五里，曰敏山[4]。上有木焉，其状如荆，白华而赤实，名曰葪（jì）柏，服者不寒。其阳多㻬琈之玉。

又东三十里，曰大騩之山[5]，其阴多铁、美玉、青垩。有草焉，其状如蓍而毛，青华而白实，其名曰蒗（hěn），服之不夭，可以为腹病。

注释

[1]末山：《水经注》：“水自沈城东派，注于役水。又东迳曹公垒南，东与沫水合。《山海经》云：‘沫山，沫水所出，北流注于役。’”[2]末水：《山海经笺疏》：“役水东迳曹公垒南，东与沫水合，东北流迳中牟县故城西，又东北注于役水。”[3]役山：因水得名。[4]敏山：《郡国志》：“密：有騩山，有梅山。”《左传》：“楚公子午帅师伐郑。……右回梅山。”《山海经笺疏》：“今案山在河南郑州。‘梅山’盖即‘敏山’，梅、敏声之转也。此经敏山去大騩山三十里，是今梅山审矣。”[5]大騩之山：《水经注》：“大騩，即具茨山也。”

结　语

原文

凡苦山之首，自休与之山至于大騩之山，凡十有九山，千一百八十四里。其十六神者，皆豕身而人面。其祠：毛牷[1]用一羊羞[2]，婴用一藻玉[3]瘗。苦山、少室、太室皆冢也。其祠之：太牢之具，婴以吉玉。其神状皆人面而三首。其余属皆豕身人面也。

注释

[1]牷：祀神所用牲畜毛色纯一且完整。[2]羞：进献。[3]藻玉：五彩的玉。

第八列山脉

景　山　　荆　山

骄　山　　女几山

宜诸山　　纶　山

陆郿山　　光　山

岐　山　　铜　山

美　山　　大尧山

灵　山　　龙　山

衡　山　　石　山

若　山　　彘　山

玉　山　　谨　山

仁举山　　师每山

琴鼓山

景　山

原文

《中次八经》荆山之首，曰景山①，其上多金玉，其木多杼②（shù）檀。睢水③出焉，东南流注于江，其中多丹粟，多文鱼。

注释

①景山：《山海经笺疏》："山在今湖北房县西南二百里，俗名马塞山。……沮水之所出也。"②杼：柞树。③睢水：《山海经笺疏》："'睢'亦作'沮'。"

荆　山

原文

东北百里，曰荆山[1]。其阴多铁，其阳多赤金。其中多犛（máo）牛[2]，多豹虎，其木多松柏，其草多竹，多橘櫾（yòu）[3]。漳水出焉，而东南流注于雎，其中多黄金，多鲛鱼[4]。其兽多闾[5]（lǘ）、麋。

注释

[1]荆山：郭璞："今在新城沐乡县南。"《山海经笺疏》："《地理志》云：'南郡，临沮，《禹贡》南条荆山在东北，漳水所出。'"[2]犛牛：黑色的旄牛。[3]橘、櫾：櫾，通"柚"。郭璞注："似橘子而大也，皮厚味酸。"南朝宋刘逵："大曰柚，小曰橘。"[4]鲛鱼：鲨鱼。[5]闾：通"驴"。

骄山　女几山

原文

又东北百五十里，曰骄山。其上多玉，其下多青膜，其木多松柏，多桃枝、钩端。神蠱围处之，其状如人面，羊角虎爪，恒游于雎漳之渊，出入有光。

又东北百二十里，曰女几之山[1]。其上多玉，其下多黄金。其兽多豹虎，多闾、麋、麖（jīng）、麂，其鸟多白鷮（jiāo）[2]，多翟，多鸩[3]。

注释

[1]女几之山：《山海经笺疏》："山在今河南宜阳县西。"[2]鷮：郭璞注："鷮似雉而长尾，走且鸣。"[3]鸩：郭璞注："鸩大如雕，紫绿色，长颈赤喙，食蝮蛇头。雄名运日，雌名阴谐也。"一种有毒的鸟。

宜诸山　纶山

原文

　　又东北二百里，曰宜诸之山①。其上多金玉，其下多青雘。滫（guǐ）水②出焉，而南流注于漳，其中多白玉。

　　又东北二百里，曰纶山，其木多梓、楠，多桃枝，多柤（zhā）、栗、橘、櫾，其兽多闾、麈（zhǔ）、麢、臭（chuò）。

注释

　　①宜诸之山：郝懿行："即滫山，因水得名。据诸书所说，'滫山'即'宜诸山'之异名矣。"②滫水：郭璞注："今滫水出南郡东滫山，至华容县入江也。"

纶　山

陆郮山　光山

原文

　　又东北二百里，曰陆郮（guǐ）之山①。其上多㻪珛之玉，其下多垩，其木多杻橿。

　　又东百三十里，曰光山②。其上多碧，其下多木。神计蒙处之，其状人身而龙首，恒游于漳渊，出入必有飘风③暴雨。

注释

　　①陆郮之山：《山海经笺疏》："《玉篇》引此经云：'纶山东，陆郮山。'"②光山：《山海经笺疏》："今汝宁有光山，春秋时为弦国，未审此是非。"③飘风：旋风。

岐山　铜山　美山　大尧山

原文

　　又东百五十里，曰岐（qí）山。其阳多赤金，其阴多白珉（mín）①，其上多金玉，其下多青雘，其木多樗。神涉鼍处之，其状人身而方面、三足。

　　又东百三十里，曰铜山。其上多金、银、铁，其木多穀、柞、柤、栗、橘、櫐。其兽多豺。

　　又东北一百里，曰美山。其兽多兕、牛，多闾、麈，多豕、鹿，其上多金，其下多青雘。

　　又东北百里，曰大尧之山。其木多松柏，多梓桑，多机，其草多竹。其兽多豹、虎、麢、臭。

注释

①珉：像玉的石头。

灵山　龙山

原文

　　又东北三百里，曰灵山。其上多金玉，其下多青雘。其木多桃、李、梅、杏。

　　又东北七十里，曰龙山。上多寓木①。其上多碧，其下多赤锡。其草多桃枝、钩端。

注释

①寓木：郭璞注："寄生也，一名宛童。"宛童，一种寄生草本植物，通称茶藨（biāo）子。

衡山　石山　若山

原文

又东南五十里，曰衡山。上多寓木、榖、柞，多黄垩、白垩。

又东南七十里，曰石山。其上多金，其下多青雘，多寓木。

又南百二十里，曰若山[1]。其上多瑀琈之玉，多赭，多邽石[2]，多寓木，多柘。

注释

[1]若山：郭璞注："若或作'前'。"《山海经笺疏》："南郡若，梦昭王畏吴，自郢徙此，疑县因山为名。"[2]邽石：《山海经笺疏》："'邽'疑'封'字之讹。"

彘山　玉山　谨山　仁举山

原文

又东南一百二十里，曰彘山。多美石，多柘。

又东南一百五十里，曰玉山。其上多金玉，其下多碧、铁，其木多柏。

又东南七十里，曰谨山。其木多檀，多邽石，多白锡[1]。郁水出于其上，潜于其下，其中多砥砺。

又东北百五十里，曰仁举之山。其木多榖柞，其阳多赤金，其阴多赭。

注释

[1]白锡：郭璞注："今白镴也。"镴，锡与铅的合金，即焊锡。

师每山　琴鼓山

原文

又东五十里，曰师每之山。其阳多砥砺，其阴多青䨼。其木多柏，多檀，多柘，其草多竹。

又东南二百里，曰琴鼓之山。其木多穀、柞、椒[1]、柘。其上多白珉，其下多洗石。其兽多豕、鹿，多白犀；其鸟多鸩。

注释

[1]椒：郭璞注："椒为树小而丛生，下有草木则蓋（hē）。"蓋，同"螫"。

结　语

原文

凡荆山之首，自景山至琴鼓之山，凡二十三山，二千八百九十里。其神状皆鸟身而人面。其祠：用一雄鸡祈、瘗[1]，用一藻圭，糈用稌。骄山，冢也，其祠：用羞酒、少牢祈瘗，婴毛一璧。

注释

[1]祈、瘗：郭璞注："祷请已，薶之也。"

第九列山脉

女几山　岷　山

崃　山　崌　山

高梁山　蛇　山

鬲　山　隅阳山

岐　山　勾㭬山

风雨山　玉　山

熊　山　騩　山

葛　山　贾超山

女 几 山

原文

《中次九经》岷山之首，曰女几之山[1]。其上多石涅[2]，其木多杻橿，其草多菊[3]、荣。洛水[4]出焉，东注于江。其中多雄黄，其兽多虎豹。

注释

[1]女几之山：《山海经新校正》："山在今四川双流县。"[2]石涅：即涅石。可提黑色染料。[3]菊：《山海经笺疏》："大菊，瞿麦。"瞿麦，是一种植物，有利尿通淋、活血通经的功效。[4]洛水：《山海经笺疏》："《地理志》云'章山，雒水所出，南至新都谷入湔'。此洛在四川入江，李冰之所导也。"

岷　山

原文

又东北三百里，曰岷山①。江水出焉，东北流注于海，其中多良龟，多鼍②。其上多金玉，其下多白珉。其木多梅、棠。其兽多犀象，多夔牛。其鸟多翰③、鷩。

注释

①岷山：郭璞注："岷山，今在汶山郡广阳县西，大江所出。"②鼍：郭璞注："似蜥易，大者长二丈，有鳞彩，皮可以冒鼓。"易，通"蜴"；冒，通"蒙"。③翰：一种野鸡。

崃　山

原文

又东北一百四十里，曰崃山①。江水出焉，东流注于大江②。其阳多黄金，其阴多麋麈。其木多檀柘，其草多薤（xiè）③韭，多药④、空夺⑤。

注释

①崃山：郭璞注："邛来山，今在嘉严道县，南江水所自出也。"《山海经笺疏》："《初学记》八卷引此经作'峡山，邛水出焉'，'峡'盖'崃'字之讹也。"②东流注于大江：《山海经笺疏》："《注》云'青衣水又东，邛水注之，又东流注于大江'。"③薤：同"薤"。④药：白芷。⑤空夺：郭璞注："即蛇皮脱也。"《山海经笺疏》："夺，古字作'敚'。疑'空夺'本作'空蜕'，讹'蜕'为'敚'，又改'敚'为'夺'耳。"

崌　山

原文

又东一百五十里，曰崌（jū）山①。江水出焉，东流注于大江，其中多怪蛇②，多鱃鱼。其木多楢（yóu）③、杻，多梅、梓。其兽多夔牛、麢、臭、犀、兕。有鸟焉，状如鸮而赤身白首，其名曰窃脂④，可以御火。

注 释

①崌山：《山海经笺疏》："毕氏云：'《海内东经》云北江出曼山，今四川名山县西有蒙山，曼、蒙音相近，疑是也。或即郭所云北江与？'今案毕说当是也。李善注《江赋》引经郭注云：'崌山，北江所出。'"②怪蛇：郭璞注："今永昌郡有钩蛇，长数丈，尾岐，在水中钩取岸上人牛马啖之，又呼马绊蛇，谓此类也。"③楢：《山海经笺疏》："楢，柔木也，工官以为奥（ruǎn）轮。"奥轮，安车之轮。④窃脂：郭璞注："今呼小青雀，曲觜肉食者为窃脂。"《山海经笺疏》："与《尔雅》窃脂同名异物。"

高梁山 蛇山

原 文

又东三百里，曰高梁之山①。其上多垩，其下多砥砺，其木多桃枝、钩端。有草焉，状如葵而赤华、荚实、白柎，可以走马。

又东四百里，曰蛇山。其上多黄金，其下多垩，其木多枸，多豫章②，其草多嘉荣、少辛。有兽焉，其状如狐而白尾长耳，名狕（shì）狼，见则国内有兵。

注 释

①高梁之山：《山海经新校正》："山在今四川剑州北。"②豫章：树名。

狕 狼

鬲山　隅阳山　岐山　勾楯山

又东五百里，曰鬲山。其阳多金，其阴多白珉。蒲鸏（hōng）之水出焉，而东流注于江，其中多白玉。其兽多犀、象、熊、罴，多猿、蜼（wèi）[1]。

又东北三百里，曰隅阳之山。其上多金玉，其下多青腹。其木多梓桑，其草多茈。徐之水出焉东流注于江，其中多丹粟。

又东二百五十里，曰岐山[2]。其上多白金，其下多铁。其木多梅梓，多杻楢。减水[3]出焉，东南流注于江。

又东三百里，曰勾楯（mí）之山[4]。其上多玉，其下多黄金。其木多栎柘，其草多芍药。

[1]蜼：一种长尾猴。[2]岐山：郭璞注："今在扶风美阳县西。"《山海经笺疏》："《地理志》云'右扶风，美阳：《禹贡》：岐山在西北'。《郡国志》云'美阳有岐山'。"[3]减水：《山海经笺疏》："刘昭注《郡国志》引此经作'城水'。'城'疑'碱'之讹，或古本'减'有作'碱'者也。"[4]勾楯之山：《山海经笺疏》："《说文》云'楯，络丝；楯，读作柅'。又《玉篇》云'摛拘'，山名。疑'摛拘'即'句楯'，误倒其文尔。"

风雨山　玉山　熊山

原文

又东一百五十里，曰风雨之山。其上多白金，其下多石涅。其木多椆（zōu）椫（shàn）①，多杨。宣余之水出焉，东流注于江，其中多蛇。其兽多闾、麋，多麈②、豹、虎，其鸟多白鹎。

又东二百里，曰玉山。其阳多铜，其阴多赤金，其木多豫章、楢、杻，其兽多豕、鹿、麕、臭，其鸟多鸩。

又东一百五十里，曰熊山。有穴焉，熊之穴③，恒出神人。夏启而冬闭。是穴也，冬启乃必有兵。其上多白玉，其下多白金。其木多樗柳，其草多寇脱。

注释

①椆椫：郭璞注："椆木，未详也；椫木白理，中栉。"中，适合；栉，中梳子、篦子的总称。②麈：驼鹿。③熊之穴：郭璞注："今邺西北有鼓山，下有石鼓象著山旁，鸣则有军事，下此穴殊象而同应。"《山海经笺疏》："刘邵《赵都赋》曰：'神钲（zhēng）发声。'俗云石鼓鸣则天下有兵革之事。是郭所本也。"钲，古代军中乐器，其状如鼓。

騩山　葛山　贾超山

原文

又东一百四十里，曰騩山。其阳多美玉、赤金，其阴多铁。其木多桃枝、荆芑。

又东二百里，曰葛山。其上多赤金，其下多瑊（jiān）石①，其木多枥、栗、橘、櫾、楢、杻，其兽多麕、臭，其草多嘉荣。

又东一百七十里，曰贾（gǔ）超之山。其阳多黄垩，其阴多美赭。其木多枥、栗、橘、櫾，其中多龙修②。

注释

①璇石：郭璞注："劲石似玉也。"《山海经笺疏》："《子虚赋》云'璇玢玄厉'，张揖注云：'璇玢，石之次玉者。'郭云'劲石'疑'劲'当为'玢'字之讹。"《子虚赋》是汉代辞赋家司马相如的赋作。②龙修：郭璞注："龙须也，似莞（guān）而细，生山石穴中，茎倒垂，可以为席。"莞，水葱一类的植物。

结　语

原文

凡岷山之首，自女几山至于贾超之山，凡十六山，三千五百里。其神状皆马身而龙首。其祠：毛用一雄鸡瘗，糈用稌。文山①、勾檷、风雨、魏之山，是皆冢也。其祠之：羞酒，少牢具，婴毛一吉玉。熊山，帝也。其祠：羞酒，太牢具，婴毛一璧。干儛，用兵以禳；祈，璆（qiú）②冕舞。

注释

①文山：《山海经笺疏》："此上无文山，盖即岷山也。"②璆：一种美玉。

第十列山脉

首阳山　虎尾山

繁缋山　勇石山

复州山　楮　山

又原山　涿　山

丙　山

首阳山　虎尾山　繁缋山

原文

《中次十经》之首，曰首阳之山①。其上多金玉，无草木。

又西五十里，曰虎尾之山。其木多椒、㯕，多封石②，其阳多赤金，其阴多铁。

又西南五十里，曰繁缋之山④，其木多楢杻，其草多枝、勾。

注释

①首阳之山：《山海经笺疏》："《地理志》云：'陇西郡，首阳：《禹贡》鸟鼠同穴山在西南。'盖县因山为名也。"②封石：《山海经笺疏》："《本草别录》云：'封石味甘，无毒，生常山及少室。'下文游戏之山、婴侯之山、丰山、服山、声匈之山并多此石。"

勇石山　复州山　楮山　又原山

原文

又西南二十里，曰勇石之山，无草木，多白金，多水。

又西二十里，曰复州之山。其木多檀，其阳多黄金。有鸟焉，其状如鸮而一足彘尾，其名曰跂踵①，见则其国大疫。

又西三十里，曰楮山。多寓木，多椒、㯕，多柘，多垩。

又西二十里，曰又原之山。其阳多青雘，其阴多铁。其鸟多鸜（qú）鹆（yù）。

注释

①跂踵：《山海经笺疏》："《御览》引作'企踵'。《海外北经》有'跂踵国'，郭注云：'其人行，脚跟不着地也。'疑是鸟亦以此得名。"

涿山　丙山

原文

又西五十里，曰涿山①。其木多穀、柞、杻。其阳多㻬琈之玉。又西七十里，曰丙山。其木多梓、檀，㰿（shěn）②杻。

注释

①涿山：《山海经笺疏》："《史记·索引》：'涿鹿或作蜀鹿。'是此经涿山，即蜀山矣。"②㰿：《山海经笺疏》："《方言》云'㰿，长也'。"

结　语

原文

凡首阳山之首，自首山至于丙山，凡九山，二百六十七里。其神状皆龙身而人面。其祠之：毛用一雄鸡瘞，糈用五种之糈。堵山①，冢也，其祠之：少牢具，羞酒祠，婴毛一璧，瘞。骑山，帝也，其祠：羞酒，太牢具；合巫祝二人儛，婴一璧。

注释

①堵山：即楮山。

第十一列山脉

荆　山	翼望山	朝歌山
帝囷山	视　山	前　山
丰　山	兔床山	皮　山
瑶碧山	支离山	袟䈪山
堇理山	依轱山	即谷山
鸡　山	高前山	游戏山
从　山	婴䃌山	毕　山
乐马山	葴　山	婴　山
虎首山	婴侯山	大孰山
卑　山	倚帝山	鲵　山
雅　山	宣　山	衡　山
丰　山	妪　山	鲜　山
章　山	大支山	区吴山
声匈山	大騩山	踵臼山
历石山	求　山	丑阳山
奥　山	服　山	杳　山
几　山		

荆山　翼望山

原文

《中次一十一山经》荆山之首，曰翼望之山①。湍水②出焉，东流注于济。贶（kuàng）水出焉，东南流注于汉，其中多蛟③。其上多松柏，其下多漆梓。其阳多赤金，其阴多珉。

注释

①翼望之山：《山海经笺疏》："山在今河南内乡县。"《元和郡县志》："临湍县，翼望山在县西北二十里。"②湍水：《水经注》："湍水出弘农界翼望山。"③蛟：郭璞注："似蛇而四脚，小头细颈，有白瘿，大者十数围，卵如一二石瓮，能吞人。"

蛟

朝歌山　帝囷山

原文

又东北一百五十里，曰朝歌之山①。潕（wǔ）水②出焉，东南流注于荥（xíng），其中多人鱼。其上多梓、枏，其兽多㻬、麋。有草焉，名曰莽草③，可以毒鱼。

又东南二百里，曰帝囷（qūn）之山。其阳多瑶琈之玉，其阴多铁。帝囷之水出于其上，潜于其下，多鸣蛇。

注释

①朝歌之山：《山海经笺疏》："山在今河南泌阳县西北。"②潕水：郭璞注："潕水在今南阳舞阳县。"③莽草：即芒草。

鸣 蛇

视山 前山 丰山

　　又东南五十里，曰视山，其上多韭。有井焉，名曰天井①，夏有水，冬竭。其上多桑，多美垩、金、玉。

　　又东南二百里，曰前山②。其木多楮（zhū）③，多柏，其阳多金，其阴多赭。

　　又东南三百里，曰丰山④。有兽焉，其状如猿⑤、赤目、赤喙、黄身，名曰雍和，见则国有大恐。神耕父处之，常游清泠之渊⑥，出入有光，见则其国为败。有九钟焉，是知霜鸣。其上多金，其下多穀、柞、杻、橿。

　　①天井：《尔雅》："井一有水，一无水，为瀱（jì）汋（què）。"瀱汋，井水时有时竭。②前山：《山海经笺疏》："郭注：《中次八经·若山》云：'若，或作前。'"③楮：郭璞注："似柞子，可食，冬夏生（青），作屋柱难腐。"④丰山：《山海经笺疏》："山在今河南南阳府东北。"⑤猨：《山海经笺疏》："禺似猕而赤目长尾，即此类。"⑥清泠之渊：郭璞注："清泠水在西鄂（chū）梜郊县山上，神来时水赤有光耀，今有屋祠之。"

兔床山　皮山　瑶碧山

原文

又东北八百里，曰兔床之山。其阳多铁。其木多藷薁①，其草多鸡毂②，其本如鸡卵，其味酸甘，食者利于人。

又东六十里，曰皮山。多垩，多赭。其木多松柏。

又东六十里，曰瑶碧之山。其木多梓枏。其阴多青臒，其阳多白金。有鸟焉，其状如雉，恒食蜚③，名曰鸩。

注释

①藷薁：汪绂注："非木也，此疑当时楮芋，芋，小栗也。"②鸡毂：《山海经笺疏》："《本草别录》云'黄精，一名鸡格'。格，毂声转，疑应近是。"③蜚：郭璞注："负盘，臭虫。"即蟑螂。

支离山　袟簡山　菫理山

原文

又东四十里，曰支离之山①。济水②出焉，南流注于汉。有鸟焉，其名曰婴勺，其状如鹊，赤目、赤喙、白身，其尾若勺，其鸣自呼。多㸲牛，多羬羊。

又东北五十里，曰袟（zhì）簡（diāo）之山③，其上多松、柏、机、柏。

又西北一百里，曰菫理之山。其上多松、柏，多美梓。其阴多丹臒，多金。其兽多豹虎。有鸟焉，其状如鹊，青身白喙，白目白尾，名曰青耕，可以御疫，其鸣自叫。

注释

①支离之山：《山海经新校正》："山在今河南嵩县，疑即双鸡岭。"②济水：郭璞注："今济水出郦县西北山中，南入汉。"③袟簡之山：《广韵》引此经作"族蔺之山"。

依轱山 即谷山 鸡山

原文

又东南三十里，曰依轱（gū）之山。其上多杻橿，多苴（jū）。有兽焉，其状如犬，虎爪有甲，其名曰獜，善駚（yǎng）牦（fèn）[1]，食者不风。

又东南三十五里，曰即谷之山。多美玉，多玄豹[2]，多闾麈，多麢、臭。其阳多珉，其阴多青雘。

又东南四十里，曰鸡山。其上多美梓，多桑，其草多韭。

注释

[1]駚牦：郭璞注："跳跃自扑也。" [2]玄豹：郭璞注："今荆州山中出黑虎也。"《尔雅注疏》："晋永嘉四年，建平秭归县槛得之。状如小虎而黑，毛深者为斑。"

高前山 游戏山 从山 婴硬山

原文

又东南五十里，曰高前之山。其上有水焉，甚寒而清，帝台之浆也，饮之者不心痛。其上有金，其下有赭。

又东南三十里，曰游戏之山，多杻、橿、榖，多玉，多封石。

又东南三十五里，曰从山。其上多松柏，其下多竹。从水出于其上，潜于其下，其中多三足鳖[1]，枝尾[2]，食之无蛊疫。

又东南三十里，曰婴硬之山。其上多松柏，其下多梓櫄（chūn）。

注释

[1]三足鳖：郭璞注："三足鳖名'能'，见《尔雅》。" [2]枝尾：李善注《江赋》引此经作"岐尾"。

毕山　乐马山　葴山　婴山

原文

又东南三十里，曰毕山①。帝苑之水②出焉，东北流注于视，其中多水玉，多蛟。其上多玙珒之玉。

又东南二十里，曰乐马之山。有兽焉，其状如彙，赤如丹火，其名曰㺍，见则其国大疫。

又东南二十五里，曰葴山。瀙水③出焉，东南流注于汝水，其中多人鱼，多蛟，多颉④。

又东四十里，曰婴山。其下多青䅫，其上多金玉。

注释

①毕山：《山海经笺疏》："毕氏云：'毕山疑即旱山，字相近。在河南泌阳。'"②帝苑之水：《水经注》："比水，出漅阴县旱山，东北注于瀙。"③瀙水：郭璞注："或曰视宜为瀙，瀙水今南阳也。"④颉：青毛，像狗。

虎首山　婴侯山　大孰山　卑山

原文

又东三十里，曰虎首之山，多苴、椆（diāo）、椐。

又东二十里，曰婴侯之山。其上多封石，其下多赤锡。

又东五十里，曰大孰之山。杀水①出焉，东北流注于瀙水，其中多白垩。

又东四十里，曰卑山。其上多桃、李、苴、梓，多累②。

注释

①杀水：《水经注》："瀙水又东北，杀水出西南大孰之山。"②累：郭璞注："今虎豆，缠蔓林树而生，荚有毛刺。"即紫藤。

倚帝山 鯢山 雅山 宣山

原文

又东三十里，曰倚帝之山[1]。其上多玉，其下多金。有兽焉，其状如獚（fèi）鼠[2]，白耳白喙，名曰狙如，见则其国有大兵。

又东三十里，曰鯢山。鯢水出于其上，潜于其下，其中多美垩。其上多金，其下多青雘。

又东三十里，曰雅山。澧水出焉[3]，东流注于瀙水，其中多大鱼。其上多美桑，其下多苴，多赤金。

又东五十五里，曰宣山[4]。沦水出焉，东南流注于瀙水，其中多蛟。其上有桑焉，大五十尺，其枝四衢，其叶大尺余，赤理黄华青柎，名曰帝女之桑[5]。

注释

①倚帝之山：《山海经笺疏》："山在河南镇平县西北。"②獚鼠：郭璞注："《尔雅》说鼠有十三种，中有此鼠，形所未详也。"③澧水：《说文》云："澧水出南阳雉衡山。"《后汉书·马融传》引此经，作雉。④宣山：《山海经笺疏》："《水经注》云'瀙水又东，沦水注之。水出宣山，东南流，注瀙水'。"⑤帝女之桑：郭璞注："妇女主蚕，故以名桑。"

狙 如

衡山　丰山　妪山　鲜山

原文

又东四十五里，曰衡山①。其上多青䨄，多桑。其鸟多鹳鹆②。

又东四十里，曰丰山③。其上多封石。其木多桑，多羊桃，状如桃而方茎，可以为皮张④。

又东七十里，曰妪山。其上多美玉，其下多金，其草多鸡谷。

又东三十里，曰鲜山。其木多楢、杻、苴，其草多蘴冬。其阳多金，其阴多铁。有兽焉，其状如膜犬，赤喙、赤目、白尾，见则其邑有火，名曰狑（yí）即。

注释

①衡山：郭璞注："今衡山在衡阳湘南县。南岳也，俗谓之岣嵝山。"《山海经笺疏》："案《海内经》云南海之'内有衡山'，郭注云'南岳'是也。此又云'南云'，误矣。"②鹳鹆：也称鸲鹆，俗称八哥。③丰山：《山海经笺疏》："上文丰山在今南阳县，汉西鄂县地。此丰山盖与连麓而别一山，非重山也。"④为皮张：郭璞注："治皮肿起。"为，治理。

章山　大支山　区吴山

原文

又东三十里，曰章山①。其阳多金，其阴多美石。皋水出焉，东流注于澧水，其中多脆（cuì）石②。

又东二十五里，曰大支之山。其阳多金，其木多穀柞，无草木。

又东五十里，曰区吴之山，其木多苴。

注释

①章山：《山海经笺疏》："'章山'当为'皋山'，见《水经注》。"②脆石：脆同"脆"，一种轻软易碎的石头。

声匈山　大騩山　踵臼山　历石山

原文

又东五十里，曰声匈之山。其木多榖，多玉，上多封石。

又东五十里，曰大騩之山①。其阳多赤金，其阴多砥石。

又东十里，曰踵臼之山，无草木。

又东北七十里，曰历石之山。其木多荆芑，其阳多黄金，其阴多砥石。有兽焉，其状如狸而白首虎爪，名曰梁渠，见则其国有大兵。

注释

①大騩之山：《山海经笺疏》："毕氏疑即《南都赋》所谓'天封大胡''大胡''大騩'声相近。"李善注引《南郡图经》曰："大胡山，故县县南十里。"

求山　丑阳山　奥山　服山　杳山　几山

原文

又东南一百里，曰求山。求水出于其上，潜于其下，中有美赭。其木多苴，多镛①。其阳多金，其阴多铁。

又东二百里，曰丑阳之山。其上多椆椐。有鸟焉，其状如乌而赤足，名曰駅（zhǐ）鵌（tú），可以御火。

又东三百里，曰奥山②，其上多柏、杻、橿，其阳多㻬琈之玉。奥水出焉，东流注于瀤水。

又东三十五里，曰服山。其木多苴。其上多封石，其下多赤锡。

又东百十里，曰杳山。其上多嘉荣草，多金玉。

又东三百五十里，曰几山。其木多楢、檀、杻，其草多香。有兽焉，其状如彘，黄身、白头、白尾，名曰闻獜③，见则天下大风。

注释

①籣：《山海经笺疏》："籣亦菌（jùn）属。中箭也。"一种适合做箭的小竹子。菌：箭。②奥山：《山海经笺疏》："《水经注》云：'漁阴县，沧水东南流，注视水，视水又东，得奥水口。水西出奥山，东入灅水也。'"③貚："《玉篇》云：似豸，身黄，出泰山。"郝懿行认为不对。

駅鵌

结　语

原文

凡荆山之首，自翼望之山至于几山，凡四十八山，三千七百三十二里①。其神状皆彘身人首。其祠：毛用一雄鸡祈，瘗用一珪，糈用五种之精。禾山②，帝也，其祠：太牢之具，羞瘗，倒毛，用一璧，牛无常。堵山、玉山，冢也，皆倒祠，羞毛少牢，婴毛吉玉。

注释

①三千七百二十里：《山海经笺疏》："今四千二百二十里。"②禾山：《山海经笺疏》："上文无此山，或云帝囷山之脱文，或云求山之误文。"

第十二列山脉

篇遇山　云　山

龟　山　丙　山

风伯山　夫夫山

洞庭山　暴　山

即公山　尧　山

江浮山　真陵山

阳帝山　柴桑山

荣余山

篇遇山　云山　龟山　丙山

原文

《中次十二经》洞庭山之首，曰篇遇之山[1]。无草木，多黄金。

又东南五十里，曰云山[2]，无草木。有桂竹，甚毒，伤人必死。其上多黄金，其下多琈瑶之玉。

又东南一百三十里，曰龟山。其木多榖、柞、椆、椐。其上多黄金，其下多青、雄黄，多扶竹[3]。

又东七十里，曰丙山。多筀（guì）竹[4]，多黄金、铜、铁，无木。

注释

①篇遇之山：郭璞注："篇或作肩。"②云山：《山海经笺疏》："刘逵注《吴都赋》云：'梢云，山名，出竹。'疑梢云即云山也。"③扶竹：郭璞注："邛竹也。高节实中，中杖也。名之扶老竹。"④筀竹：《山海经笺疏》："筀亦当为桂，桂阳所生竹，因以为名也。"

风伯山　夫夫山

原文

又东南五十里，曰风伯之山①。其上多金玉，其下多瘦（suān）石、文石，多铁。其木多柳、杻、檀、楮。其东有林焉，名曰莽浮之林，多美木、鸟兽。

又东一百五十里，曰夫夫之山②。其上多黄金，其下多青、雄黄，其木多桑楮，其草多竹、鸡鼓。神于儿居之，其状人身而身操两蛇，常游于江渊，出入有光。

注释

①风伯之山：《山海经笺疏》："《初学记》'柳'下引此经作'凤伯之山'。"②夫夫之山：《山海经笺疏》："吴氏云《释义》本作'大夫之山'，《续通考》引此亦作'大夫山'。又案秦《峄山碑》及汉印篆文，'大夫'都作'夫夫'，则二字古相通也。"

神于儿

洞 庭 山

原文

又东南一百二十里，曰洞庭之山①。其上多黄金，其下多银铁。其木多柤、梨、橘、櫾，其草多葌、蘪芜、芍药、芎䓖。帝之二女②居之，是常游于江渊。澧沅之风，交潇湘之渊，是在九江③之间，出入必以飘风暴雨。是多怪神，状如人而载蛇，左右手操蛇。多怪鸟。

注释

①洞庭之山：郭璞注："今长沙巴陵县西又有洞庭陂，潜伏通江。"②帝之二女：郭璞注："天帝之二女，而处江为神也。即《列仙传》江妃二女也，《离骚》《九歌》所谓'湘夫人'称'帝子'是也。"③九江：郭璞注："《地理志》'九江'今在浔阳南，江在浔阳而分为九，皆东汇于大江，《书》曰：'九江孔殷'是也。"孔殷：众多，繁多。

暴山　即公山

原文

又东南一百八十里，曰暴山①。其木多樱、枏、荆、芑、竹箭、䇡、箘。其上多黄金、玉，其下多文石、铁。其兽多麋、鹿、麐、鹫。

又东南二百里，曰即公之山②。其上多黄金，其下多珆珨之玉，其木多柳、杻、檀、桑。有兽焉，其状如龟而白身赤首，名曰蛫（guǐ），是可以御火。

注释

①暴山：《山海经笺疏》："《文选·鹪鹩赋》注引此经作'景山'。"②即公之山：《山海经笺疏》："《史记·司马相如传＜索引＞》载姚氏引此经作'即山'，无'公'字。"

蛫

尧山　江浮山　真陵山　阳帝山

原文

　　又东南一百五十九里，曰尧山[1]。其阴多黄垩，其阳多黄金。其木多荆、芑、柳、檀，其草多藸藇、茉。

　　又东南一百里，曰江浮之山[2]。其上多银、砥砺，无草木。其兽多豕、鹿。

　　又东二百里，曰真陵之山[3]。其上多黄金，其下多玉。其木多榖、柞、柳、杻，其草多荣草。

　　又东南一百二十里，曰阳帝之山，多美铜。其木多橿、杻、檿（yǎn）[4]、楮，其兽多麢、麝。

注释

　　[1]尧山：《山海经笺疏》："《初学记》二十四卷引王韶之《始兴记》云：'含洭县尧山，尧巡狩至于此，立行台。'盖即斯山也。"[2]江浮之山：《山海经笺疏》："亦尧山之连麓。"[3]真陵之山：《山海经笺疏》："《初学记》引此经作直陵之山。"[4]檿：即山桑树。

柴桑山　荣余山

原文

　　又南九十里，曰柴桑之山[1]。其上多银，其下多碧，多泠石、赭。其木多柳、芑、楮、桑。其兽多麋鹿，多白蛇、飞蛇。

　　又东二百三十里，曰荣余之山。其上多铜，其下多银。其木多柳、芑，其虫多怪蛇、怪虫。

注释

　　[1]柴桑之山：郭璞注："今在浔阳柴桑县南，共庐山相连也。"《山海经笺疏》："《地理志》云'庐江郡，寻阳'，'豫章郡，柴桑'。"

结 语

原文

　　凡洞庭山之首，自篇遇之山至于荣余之山，凡十五山，二千八百里。其神状皆鸟身而龙首。其祠：毛用一雄鸡，一牝豚刉，糈用稌。凡夫夫之山、即公之山、尧山、阳帝之山，皆冢也，其祠：皆肆瘗[1]，祈用酒，毛用少牢，婴毛一吉玉。洞庭、荣余山，神也，其祠：皆肆瘗，祈酒太牢祠，婴用圭璧十五，五采惠之。

注释

　　[1]肆：陈列。皆肆瘗，即先陈列然后再埋入地下。

山经总论

原文

　　右《中经》之山志，大凡百九十七山，二万一千三百七十一里。

　　大凡天下名山五千三百七十，居地大凡六万四千五十六里。

　　禹曰：天下名山，经五千三百七十山，六万四千五十六里，居地也。言其五臧[1]，盖其余小山甚众，不足记云。天地之东西二万八千里，南北二万六千里。出水之山者八千里，受水者八千里。出铜之山四百六十七，出铁之山三千六百九十。此天地之所分壤树谷也，戈矛之所发也，刀铩[2]之所起也。能者有余，拙者不足。封于泰山、禅于梁父七十二家[3]，得失之数皆在此内，是谓国用[4]。

　　右《五藏山经》五篇，大凡一万五千五百三字。

注释

　　[1]臧：通"藏"。[2]铩：长矛。[3]封于泰山，禅于梁父七十二家：封，古代称帝王在泰山行封的典礼。梁父，泰山下的一座小山；禅于梁父，即在梁父山行禅的小礼。《山海经笺疏》："《管子·封禅篇》曰'古者封泰山、禅梁父者七十二家，而夷吾所记者十有二焉'，自无怀氏至周成王为十二家，据此则非禹言也。"无怀氏，中国传说中的上古帝王。[4]国用：国家的一切财用都从这块土地取得。

海外南经

《海外南经》以灭蒙鸟为中心，从地处灭蒙鸟西南方的结匈国为起点向东南方逐次展开记录，整个区域应处在《南山经》南方。这一章记录了完全不同于中原地区的人物和文化，也出现了著名的神话人物——羿，记录了他与凿齿大战于寿华之野的故事。

原文

地之所载，六合①之间，四海之内，照之以日月，经之以星辰②，纪之以四时③，要④之以太岁⑤。神灵所生，其物异形，或夭或寿，唯圣人能通其道。

注释

①六合：四方上下为六合。《山海经笺疏》："《淮南·齐俗训》云'往古来今谓之宙，四方上下谓之宇'。"②经之以星辰：古代人按天上星辰的位置，把地面划分为十二个区域，即分野。经，治理的意思。③纪之以四时：以春夏秋冬四时来分划季节。纪在这里是"分别"的意思。④要：约，更正。⑤太岁：即木星，木星公转周期为12年，古人称为"岁星"。

结匈国　南山　比翼鸟　羽民国

原文

海外自西南陬至东南陬（zōu）①者：

结匈国在其西南②，其为人结匈③。

南山在其东南。自此山来，虫为蛇，蛇号为鱼。一曰南山在结匈东南。

比翼鸟④在其东，其为鸟青、赤，两鸟比翼。一曰在南山东。

羽民国⑤在其东南，其为人长头，身生羽。一曰在比翼鸟东南，其为人长颊。

注释

①陬：隅，角落。②其西南：《海外四经》应是由一组零散的记录整理而成的，所记录对象在空间方位上呈环形，因此这个"其"应指下文中海外西南角的灭蒙鸟，下文中的"其"都指上一条所陈述的对象。③结匈：郭璞注："臆前胅（dié）出，如人结喉也。"《山海经笺疏》："《说文》云'胅，骨差也'。"也就是俗称的"鸡胸"。匈，通"胸"。④比翼鸟：《山海经笺疏》："比翼鸟即蛮蛮也，已见《西次三经》之崇吾之山。"⑤羽民国：郭璞注："能飞不能远，卵生，画似仙

比翼鸟

人也。"《山海经笺疏》:"《大戴礼·五帝德篇》云'东长鸟夷',疑即此也。"

二八神　毕方鸟　讙头国　厌火国

原文

有神人二八[1],连臂[2],为帝司夜于此野。在羽民东,其为人小颊赤肩,尽十六人。

毕方鸟[3]在其东,青水西。其为鸟人面一脚。一曰在二八神东。

讙头国[4]在其南。其为人人面有翼,鸟喙,方[5]捕鱼。一曰在毕方东。或曰讙朱国。

厌火国[6]在其国南,兽身黑色,生火出其口中,一曰在讙朱东。

注释

[1]二八:十六。《山海经笺疏》:"薛综注《东京赋》云:'野仲、游光,恶鬼也,兄弟八人,常在人间作怪者。'"又注:"野仲、游光二人兄弟各八人,正得十六人,疑即此也。"[2]连臂:手臂相挽。[3]毕方鸟:《山海经笺疏》:"毕方形状已见《西次三经·章莪之山》。"[4]讙头国:《山海经笺疏》:"鲧之苗裔,见《大荒南经》。"郭璞注:"讙兜,尧臣,有罪,自投南海而死。帝怜之,使其子居南海而祠之。画亦似仙人也。"[5]方:擅长。[6]厌火国:《山海经笺疏》:"《博物志》作'厌光国'。"

毕方鸟

三株树　三苗国　载国　贯匈国

原文

三株树[1]在厌火北,生赤水上,其为树如柏,叶皆为珠。一曰其为树若彗[2]。

三苗国[3]在赤水东。其为人相随。一曰三毛国。

载(zhì)国在其东。其为人黄,能操弓射蛇。一曰载国在三毛东。

贯匈国[4]在其东。其为人匈有窍。一曰在载国东。

注释

①三株树：《山海经笺疏》："《初学记》二十七卷引此经作'珠'。即琅玕树之类。"②彗：郭璞注："如彗星状。"《山海经笺疏》："彗，埽竹也。见《说文》。"③三苗国：郭璞注："《史记·五帝纪》云：三苗在江淮、荆州、数为乱；昔尧以天下让舜，三苗之君非之，帝杀之，有苗之民，叛入南海，为三苗国。"郝懿行认为郭璞所说可能有误。④贯匈国：郭璞注："《尸子》曰：'四夷之民有贯匈者，有深目者，有长肱者，黄帝之德常致之'。《异物志》曰：'穿匈之国去其衣则无自然者。盖似效此贯匈人也。'"《山海经笺疏》："《竹书》云：'黄帝五十九年，贯匈氏来宾。'《博物志》云：'穿匈人去会稽万五千里。'"

交胫国　不死民　岐舌国　昆仑虚　羿与凿齿战

原文

交胫（jìng）国在其东。其为人交胫①。一曰在穿匈②东。
不死民③在其东。其为人黑色，寿，不死。一曰在穿匈国东。
岐舌国④在其东。一曰在不死民东。
昆仑虚⑤在其东，虚四方。一曰在岐舌东，为虚四方。
羿（yì）与凿齿战于寿华之野⑥，羿射杀之。在昆仑虚东。羿持弓矢，凿齿持盾。一曰戈。

注释

①其为人交胫：郭璞注："言脚胫曲戾相交，所谓'雕题''交趾'者也。或作颈，其为人交颈而行也。"《礼记·王制》："南方曰蛮，雕题交趾，有不火食者矣。"郑玄注："雕文，谓刻其肌以丹青湼（niè）之。"交趾，足相向。也就是今天所说的罗圈腿。②穿匈：即前文的贯匈。③不死民：《山海经笺疏》："《楚辞·远游》云：'仍羽人于丹丘，留不死之旧乡。'"郭璞注："有员丘山，上有不死树，食之乃寿，亦有赤泉，饮之不老。"④岐舌国：郭璞注："其人舌皆岐，或云支舌也。"《山海经笺疏》："支舌即岐舌，盖字讹也。"《吕氏春秋·功名篇》："舌本在前，末倒向喉，故曰反舌。"⑤昆仑虚：即昆仑山。郭璞注："虚，山下基也。"《山海经笺疏》："毕氏曰：《尔雅》云'三成为昆仑丘'，是昆仑者，高山皆得名之，此在东南方，当即方丈山也。《水经·河水》

注云：'东海方丈，亦有昆仑之称。'"⑥羿与凿齿战于寿华之野：郭璞注："凿齿亦人也，齿如凿，长五六尺，因以名云。"《山海经笺疏》："此经之羿，说者以为尧臣，《淮南·本经训》云：'尧之时，凿齿为民害，尧乃使羿诛凿齿于畴华之野。'"高诱注："畴华，南方名。"

三首国　周饶国　长臂国　狄山　南方祝融

原文

三首国①在其东。其为人一身三首。一曰在凿齿东。

周饶国②在其东。其为人短小，冠带。一曰焦侥国③在三首东。

长臂国④在其东。捕鱼水中，两手各操一鱼。一曰在焦侥东，捕鱼海中。

狄山⑤，帝尧葬于阳，帝喾（kù）⑥葬于阴。爰有熊、罴、文虎、蜼、豹、离朱、视肉。吁咽⑦、文王皆葬其所。一曰汤山。一曰爰有熊、罴、文虎、蜼、豹、离朱、鸱久、视肉、虖交。其范林方三百里。

南方祝融⑧，兽身人面，乘两龙。

注释

①三首国：《山海经笺疏》："《淮南·墬（dì）形训》有'三头民'。"
②周饶国：《山海经笺疏》："'周饶'亦'僬侥'声之转，又声转为'朱儒'。"
③焦侥国：韦昭注："僬侥，西南蛮之别名也。"　④长臂国：《山海经笺疏》："《淮南·墬形训》有'修臂民'，高诱注云：'一国民皆长臂，臂长于身，南方之国也。'"　⑤狄山：《墨子》："尧北教八狄，道死，葬蛩（qióng）山之阴。"司马相如《大人赋》："历唐尧于崇山。"《汉书》张揖注："崇山，狄山也。"　⑥帝喾：尧的父亲。　⑦吁咽：袁珂认为是与文王同等地位的人。也有传说是舜。　⑧南方祝融：郭璞注："火神也。"

海外西经

《海外西经》以灭蒙鸟为起点，记载了海外西南角到西北角的部落及地区。这一章记叙了西部许多国家的地理位置及人物风貌。本章出现了刑天、蓐收、夏后启等神话人物。

灭蒙鸟　大运山　大乐之野

原文

海外自西南陬至西北陬者：

灭蒙鸟[1]在结匈国北，为鸟青，赤尾。

大运山高三百仞[2]，在灭蒙鸟北。

大乐之野，夏后启于此儛《九代》[3]，乘两龙，云盖三层。左手操翳（yì），右手操环，佩玉璜。在大运山北。一曰大遗之野。

注释

①灭蒙鸟：《山海经笺疏》："《博物志》云'结匈国有灭蒙鸟'，《海内西经》又有'孟鸟'。"②仞：一仞约为八尺。三百仞，即二百四十丈。③大乐之野：毕沅认为是山西太原，郝懿行认为不对。④九代：郭璞注："'马名'。儛，谓盘作令之舞也。"《山海经笺疏》："疑乐名也，《竹书》云：'夏帝启十年，帝巡狩，舞九韶于大穆之野。'"

灭蒙鸟

三身国　一臂国　奇肱国

原文

三身国[1]在夏后启北，一首而三身。

一臂国在其北，一臂、一目、一鼻孔。有黄马，虎文，一目而一手[2]。

奇（jī）肱（gōng）[3]之国在其北。其人一臂三目，有阴有阳，乘文马[4]。有鸟焉，两头，赤黄色，在其旁。

注释

①三身国：《山海经笺疏》："三身国，姚姓，舜之苗裔。"②手：《山海经笺疏》："手，马臂也。"③奇肱：高诱注："奇，只也。肱，脚也。"④文马：即吉良马，后泛指骏马。

夏后启

形天

原文

形天①与帝至此争神，帝断其首，葬之常羊之山②。乃以乳为目，以脐为口，操干戚③以舞。

注释

①形天：即刑天，中国古代神话传说中的无头神。炎帝的大臣。《淮南·墬形训》："西方有形残之尸"。②常羊之山：《宋书·符瑞志》："有神龙首，感女登于常羊山，生炎帝神农。"女登，炎帝的母亲。③干戚：干，盾；戚，斧。

女祭　女戚　鸢鸟　𪆮鸟

原文

女祭、女戚①在其北，居两水间。戚操鱼鲗（dàn），祭操俎。

鸢（cì）鸟、𪆮（dǎn）鸟②，其色青黄，所经国亡。在女祭北。鸢鸟人面，居山上。一曰维鸟，青鸟、黄鸟所集。

注释

①女祭、女戚：传说中的两个女巫。②鸢鸟、𪆮鸟：郭璞注："此应祸鸟，即今枭、鵂（xiū）鹠（liú）之类。"两种不吉祥的鸟。

丈夫国　女丑之尸　巫咸国　并封　女子国

原文

丈夫国①在维鸟北，其为人衣冠带剑。

女丑之尸②，生而十日炙杀之。在丈夫北。以右手障其面。十日居上，女丑居山之上。

巫咸国③在女丑北，右手操青蛇，左手操赤蛇。在登葆山，群巫所从上下也。

并封④在巫咸东，其状如彘，前后皆有首，黑。

女子国在巫咸北，两女子居，水周之。一曰居一门⑤中。

注释

①丈夫国：《淮南·墬形训》有"丈夫民"，高诱注："其状皆如丈夫，衣黄衣冠，带剑。"②女丑之尸：《山海经笺疏》："十日并出，炙杀女丑，于是尧乃命羿杀九日也。"③巫咸国：《太平御览》第七百九十卷："昔殷帝太戊使巫咸祷于山河，巫咸居于此，是为巫咸氏，去南海万千里。"④并封：《周书·王会》："区阳以鳖封。鳖封者，若彘，前后有首。"《大荒西经》："有兽，左右有首，名曰屏蓬。"⑤一门：指一个聚落。

并 封

轩辕国　穷山　诸夭之野

原文

轩辕之国①在此穷山之际，其不寿者八百岁。在女子国北，人面蛇身，尾交首上。

穷山在其北，不敢西射，畏轩辕之丘。在轩辕国北，其丘方，四蛇相绕。

此诸夭之野②，鸾鸟自歌，凤鸟自舞；凤皇卵，民食之；甘露，民饮之，所欲自从也。百兽相与群居。在四蛇北，其人两手操卵食之，两鸟居前导之。

注释

①轩辕之国：《山海经笺疏》："《西次三经》有'轩辕之丘'，郭云'黄帝所居'，然则此经'轩辕之国'盖黄帝所生也。"②诸夭之野：《说文》："邑外谓之郊，郊外谓之野。"夭，草木茂盛美丽。

诸夭之野

龙鱼　白民国　肃慎国　长股国　西方蓐收

原文

　　龙鱼陵居①在其北，状如狸。一曰鰕。即有神圣乘此以行九野。一曰鳖鱼在夭野北，其为鱼也如鲤。

　　白民之国②在龙鱼北，白身被（pī）发。有乘黄，其状如狐，其背上有角，乘之寿二千岁。

　　肃慎之国③在白民北。有树名曰雄常，先入伐帝④，于此取之。

　　长股之国⑤在雄常北，被发。一曰长脚。

　　西方蓐（rù）收⑥，左耳有蛇，乘两龙。

注释

　　①龙鱼陵居：龙鱼，龙鲤。陵居，陆居。②白民之国：《大荒西经》："有大泽之长山，有白民之国。"③肃慎之国：《大荒北经》："大荒之中，有山名曰不咸。有肃慎氏之国。"④先入伐帝：郭璞注："其俗无衣服。中国有圣帝代立者，则此木生皮可衣也。"《山海经笺疏》："'伐'疑'代'字之讹。"⑤长股之国：《大荒西经》："西北海之外，赤水之东，有长胫之国。"⑥蓐收：《左传·昭公二十九年》记载："木正曰句芒，火正曰祝融，金正曰蓐收，水正曰玄冥，土正曰后土。"郭璞注："金神也，人面，虎爪，白毛，执钺，见《外传》。"

海外北经

《海外北经》记录了从西北方到东北方的民族分布情况。这一章记述了我们所熟知的夸父逐日、禹杀相柳氏的故事，以及蚕神许配给马、钟山之神烛阴的传说。

无膏国　钟山神烛阴

原文

海外自东北陬至西北陬者：

无膏（qǐ）之国[1]在长股东，为人无膏。

钟山之神，名曰烛阴[2]，视为昼，瞑为夜，吹为冬，呼为夏，不饮，不食，不息，息为风，身长千里。在无膏之东。其为物，人面，蛇身，赤色，居钟山下。

注释

①无膏之国：膏，《说文》："腓肠也。"也就是小腿肚。《山海经笺疏》："《西荒北经》作'无继'。"②烛阴：郭璞注："烛龙也。是烛九阴，因名云。"

烛阴神

一目国　柔利国

原文

一目国[1]在其东，一目中其面而居。一曰有手足。

柔利国在一目东，为人一手一足，反膝[2]，曲足居上。一云留利之国，人足反折[3]。

注释

①一目国：《大荒北经》："有人一目，当面中生。一曰是威姓，少昊之子，食黍。"②反膝：膝盖反转生。③人足反折：《山海经笺疏》："足反卷曲，有似折也。"

177

共工之臣相柳氏

原文

共工之臣曰相柳氏①，九首，以食于九山。相柳之所抵，厥（jué）②为泽溪。禹杀相柳，其血腥，不可以树五谷种。禹厥之，三仞三沮（jǔ）③，乃以为众帝之台。在昆仑之北，柔利之东。相柳者，九首人面，蛇身而青。不敢北射，畏共工之台。台在其东，台四方，隅（yú）有一蛇，虎色，首冲南方。

注释

①共工、相柳氏：共工，中国古代神话中的水神。郭璞注："霸九州者。"相柳，又称相繇，中国古代神话中的凶神。②厥：通"撅"，掘的意思。③三仞三沮：郭璞注："掘塞之而土三沮滔，言其血膏浸润坏也。"沮，败坏。三，指多次。滔，疑"陷"字之讹。

相 柳

深目国　无肠国　聂耳国　夸父

原文

深目国①在其东。为人举一手。一曰在共工台东。

无肠之国②在深目东。其为人长而无肠。

聂耳之国③在无肠国东。使两文虎，为人两手聂其耳。县居海水中，及水所出入奇物。两虎在其东。

夸父④与日逐走，入日。渴，欲得饮，饮于河渭，河渭不足，北饮大泽，未至，道渴而死。弃其杖，化为邓林。

注释

①深目国：《大荒北经》："有人方食鱼，名曰深目国之民。"②无肠之国：郭璞注："为人长大，腹内无肠，所食之物直通过。"③聂耳之国：

《大荒北经》："有儋耳之国，任姓，禺号子，食谷。"郭璞注："其人耳大，下儋垂在肩上。"④夸父：相传为炎帝的后裔。

博父国　禹所积石山　拘缨国

原文

博父国[①]在聂耳东。其为人大，右手操青蛇，左手操黄蛇。邓林在其东，二树木。一曰博父。

禹所积石之山[②]在其东，河水所入。

拘缨之国在其东，一手把缨。一曰利缨之国。

注释

①博父国：郝懿行注："博父，当即夸父，盖其苗裔所居成国也。"②禹所积石之山：《山海经笺疏》："《大荒北经》云'大荒之中，有山名曰先槛大逢之山，其西有山名曰禹所积石山'即此。又《海内西经》云'河水出昆仑，入渤海，又出外入禹所导积石山'。亦此也。"

寻木　跂踵国　欧丝之野

原文

寻木[①]长千里，在拘缨南，生河上西北。

跂踵国在拘缨东。其为人大，两足亦大。一曰大踵。

欧丝[②]之野在大踵东，一女子跪据树欧丝。

注释

①寻木：《山海经笺疏》："《穆天子传》云'天子乃钓于河，以观姑繇之木'，郭云：'姑繇，大木也。'引此经云'寻木长千里，生河边，谓此木类'。"姑繇之木，即榣木。②欧丝：即"呕丝"，吐出蚕丝。

三桑无枝　范林　务隅山　平丘

原文

三桑无枝①，在欧丝东，其木长百仞，无枝。

范林②方三百里，在三桑东，洲环其下。

务隅③之山，帝颛顼④葬于阳。九嫔葬于阴。一曰爰有熊、罴、文虎、离朱、鸱久、视肉。

平丘在三桑东。爰有遗玉、青鸟、视肉、杨柳、甘柤（zhā）、甘华，百果所生。有两山夹上谷，二大丘居中，名曰平丘。

注释

①三桑无枝：三棵桑树，没有树枝。②范林：即泛林，意即树林面积大。③务隅：《山海经笺疏》："务隅，《大荒北经》作'附禺'，《海内东经》作'鲋鱼'。"④颛顼：郭璞注："颛顼，号为高阳，冢今在濮阳，故帝丘也。一曰顿丘县城门外广阳里中。"

駏駼　驳　蛩蛩　罗罗　禺强

原文

北海内有兽，其状如马，名曰駏駼。有兽焉，其名曰驳，状如白马，锯牙，食虎豹。有素兽焉，状如马，名曰蛩蛩①。有青兽焉，状如虎，名曰罗罗。

北方禺强②，人面鸟身，珥两青蛇，践两青蛇。

注释

①蛩蛩：郭璞注："即蛩蛩，巨虚也，一走百里，见《穆天子传》。"②禺强：郭璞注："字玄冥，水神也。庄周曰：'禺强立于北极。'一曰禺京。一本云：'北方禺强，黑身手足，乘两龙。'"

駏　駼

海外东经

《海外东经》中记载海外东极至西极八个国家和地区的地理物产、民俗传说及独特风貌。如大人国中居民身材高大，君子国中居民衣冠带剑，青丘国中栖息着九尾狐，黑齿国中居民牙齿乌黑。还有玄股国、毛民国等。

嗟丘　大人国

原文

海外自东南陬至东北陬者：

嗟（jiē）丘[1]，爰有遗玉、青马、视肉、杨柳、甘柤、甘华，甘果所生。在东海，两山夹丘，上有树木。一曰嗟丘。一曰百果所在，在尧葬东。

大人国[2]在其北。为人大，坐而削（shāo）船[3]。一曰在嗟丘北。

注释

[1]嗟（jiē）丘：《淮南·墬形训》作"华丘"。[2]大人国：《大荒东经》："有波谷山者，有大人之国；有大人之市，名曰大人之堂。"[3]削船：《山海经笺疏》："削当读若'稍'，削船谓操舟也。""削"通"艄"字。

奢比尸　君子国

原文

奢比之尸[1]在其北，兽身、人面、大耳，珥两青蛇[2]。一曰肝榆之尸在大人北。

君子国[3]在其北，衣冠带剑，食兽，使二大虎在旁，其人好（hào）让不争。有熏华草，朝生夕死。一曰在肝榆之尸北。

注释

[1]奢比之尸：郭璞注："亦神名也。"也称奢龙。[2]珥两青蛇：郭璞注："以蛇贯耳"。珥，插。[3]君子国：《大荒东经》："有东口之山，有君子之国，其人衣冠带剑。"

虹虹 朝阳谷 青丘国 竖亥

原文

虹虹[1]（hóng）在其北，各有两首。一曰在君子国北。

朝阳之谷[2]，神曰天吴，是为水伯。在虹虹北两水间。其为兽也，八首人面，八足八尾，皆青黄[3]。

青丘国[4]在其北。其狐四足九尾。一曰在朝阳北。

帝命竖亥（hài）[5]，步自东极至于西极，五亿十选[6]九千八百步。竖亥右手把算，左手指青丘北。一曰禹令竖亥。一曰五亿十万九千八百步。

注释

[1]虹虹：郭璞注："音虹。虹，螮（dì）蝀（dōng）也。"双重虹，螮蝀的别称。[2]朝阳之谷：《山海经笺疏》："《尔雅》云'山东曰朝阳，水注溪曰谷。'"[3]皆青黄：一作"背青黄"。[4]青丘国：《山海经笺疏》："《大荒东经》青丘之国即此也。"[5]竖亥：郭璞注："健行人。"[6]选：郭璞注："万也。"

竖亥

黑齿国 汤谷 雨师妾国

原文

黑齿国[1]在其北，为人黑，食稻啖（dàn）蛇，一赤一青，在其旁。一曰在竖亥北，为人黑首，食稻使蛇，其一蛇赤。

下有汤谷[2]，汤谷上有扶桑，十日所浴。在黑齿北，居水中，有大木，九日居下枝，一日居上枝[3]。

雨师妾[4]在其北。其为人黑，两手各操一蛇，左耳有青蛇，右耳有赤蛇。一曰在十日北，为人黑身人面，各操一龟。

注释

①黑齿国：《山海经笺疏》："黑齿国，姜姓，帝俊之裔，见《大荒东经》。"下文中的"为人黑首"，郝懿行认为"首"应为"齿"字。两字古字形相近。②汤谷：郭璞注："谷中水热也。"③"十日所浴……一日居上技"句："郭璞注："传曰：'天有十日'，日之数十。此云九日居上枝，一日居下枝。《大荒经》又云'一日方至，一日方出。'明天地虽有十日，自使以次第迭出运照，而今俱见，为天下妖灾，故羿禀尧之命，洞其灵诚，仰天控弦，而九日潜退也。"④雨师妾：国名。郭璞注："雨师谓屏翳也。"

玄股国　毛民国　劳民国　东方句芒神

原文

玄股之国①在其北。其为人衣鱼食鸥（ōu），使两鸟夹之。一曰在雨师妾北。

毛民之国在其北。为人身生毛。一曰在玄股北。

劳民国在其北，其为人黑，食草果实。有一鸟两头，或曰教民。一曰在毛民北，为人面目手足尽黑。

东方句芒②，鸟身人面，乘两龙。

注释

①玄股之国：郭璞注："髀以下尽黑，故云。"髀，大腿。②句芒：郭璞注："木神也，方面素服。《墨子》曰：'昔秦穆公有明德，上帝使句芒赐之寿十九年。'"

海内南经

　　《海内南经》主要记录海内的东南角往西一些地区的地理与民俗风貌。这一章记录了主管巴地诉讼的孟涂神、上古之神窫窳，更有可以吞掉大象的巴蛇，而苍梧山的南北则有舜帝和丹朱帝的墓地。

瓯闽　三天子鄣山　桂林八树

原文

海内东南陬以西者：

瓯居海中①。闽在海中②，其西北有山。一曰闽中山在海中。

三天子鄣（zhāng）山③在闽西海北。一曰在海中。

桂林八树④，在番隅东。

注释

①瓯居海中：郭璞注："今临海永宁县即东瓯，在岐海中也；瓯，音呕。"永宁，即今浙江省台州市黄岩区古称。②闽在海中：郭璞注："闽越即西瓯，今建安郡是也，亦在岐海中。"建安郡，福建省旧称。吴景帝永安三年分会稽置，郡治建安，属扬州。③三天子鄣山：《山海经笺疏》："《海内东经》云：'浙江出三天子都'，'庐江出三天都'。一曰'天子鄣'。即此。"④八树：郭璞注："八树成林，信其大也。"

桂林八树

伯虑国　离耳国　雕题国　北朐国　枭阳国

原文

伯虑国①、离耳②国、雕题③国、北朐（qú）④国皆在郁水南。郁水出湘陵南海。一曰伯虑。

枭阳国在北朐之西。其为人人面长唇，黑身有毛，反踵，见人则笑，左手操管。

注释

①伯虑国：《山海经笺疏》："《伊尹四方令》云'正东伊虑'，疑即此。"②离耳：郭璞注："锼离其耳，分令下垂，以为饰，即儋耳也。"锼（sōu），镂刻，侵削。③雕题：郭璞注："点涅其面，画体为鳞采，即鲛人也。"《山海经笺疏》："《楚辞·招魂》王逸注云：'雕，画；题，额。'言南极之人雕画其额，常食蠃蜅也。"略似今纹身。④北朐：《山海经笺疏》："疑即北户也。"

兕　苍梧山

原文

兕在舜葬东，湘水南。其状如牛，苍黑，一角。

苍梧之山[1]，帝舜葬于阳，帝丹朱[2]葬于阴。

注释

[1]苍梧之山：高诱注《淮南子》："苍梧之山，在苍梧冯乘县东北，零陵山南。"冯乘县，北宋开宝四年（971）废，县域包括今湖南省江华瑶族自治县大部，以及广西壮族自治区富川瑶族自治县东部。[2]丹朱：尧帝的长子。

氾林　狌狌　犀牛

原文

氾林方三百里，在狌狌[1]东。

狌狌知人名，其为兽如豕而人面，在舜葬西。

狌狌西北有犀牛，其状如牛而黑。

注释

[1]狌狌：《山海经笺疏》："《海内经》云：'猩猩，青兽。'"

孟涂　窫窳

原文

夏后启之臣曰孟涂[1]，是司神[2]于巴，人请讼于孟涂之所，其衣有血者乃执之，是请生。居山上，在丹山西。丹山在丹阳南，丹阳居属也。

窫（yà）窳（yǔ），龙首，居弱水中，在狌狌知人名之西。其状如龙首，食人。

注释

[1]孟涂：《山海经笺疏》："《竹书》云：'帝启八年，帝使孟涂如巴莅讼。'"他曾受帝启之命到巴国处理案件。[2]司神：郭璞注："听其狱讼，为之神主。"

建木 氐人国 巴蛇 旄马
匈奴国 开题国 列人国

原文

有木，其状如牛，引之有皮，若缨、黄蛇。其叶如罗，其实如栾，其木若蓲（ōu），其名曰建木①。在窫窳西弱水上。

氐（dǐ）人国②在建木西，其为人，人面而鱼身，无足。

巴蛇食象，三岁而出其骨。君子服之，无心腹之疾。其为蛇青、黄、赤、黑。一曰黑蛇青首，在犀牛西。

旄马③，其状如马，四节有毛。在巴蛇西北，高山南。

匈奴、开题之国、列人之国并在西北。

注释

①建木：郭璞注："《河图玉版》说'芝草树生，或如车马，或如龙蛇之状'亦此类也。"《山海经笺疏》："《博物志》云：'名山生神芝，不死之草，上芝为车马，中芝为人形，下芝为六畜。''缨，谓之缨带也，引其皮，缨带若黄蛇之状也。'"②氐人国：《大荒西经》："有互人之国。炎帝之孙名曰灵恝，灵恝生互人，是能上下于天。"《山海经笺疏》："氐、互二字，盖以形近而讹。"③旄马：郭璞注："《穆天子传》所谓'豪马'者。"

海内西经

《海内西经》从东到西记载了从今天的中国西北地区一直到达古代西域的山脉、河流、国家、物产，主要围绕着昆仑山进行叙述。本章记录了贰负杀死窫窳的故事、开明神兽守护昆仑山的传说。

疏属山　大泽　雁门山　高柳　后稷葬

原文

海内西南陬以北者：

贰负①之臣曰危，危与贰负杀窫窳。帝乃梏之疏属之山②，桎其右足，反缚两手与发，系之山上木。在开题③西北。

大泽方百里，群鸟所生及所解④。在雁门北。

雁门山，雁出其间。在高柳北。

高柳在代北⑤。

后稷之葬⑥，山水环之。在氐国西。

注释

①贰负：传说中人面蛇身的神，喜杀戮，后来成为武官的象征。《海内北经》："贰负神在其东，其为人面蛇身。"②疏属之山：应邵注《汉书·地理志》云："雕山在西南。"山在今陕西绥德县。《元和郡县志》："龙泉县疏属山，亦名雕阴山。"③开题：《山海经新校正》："开题疑即笄头山也。音皆相近。"④群鸟所生及所解：郭璞注："百鸟于此生乳，解之毛羽。"《山海经笺疏》："此地即翰海也，说见《大荒北经》。"⑤高柳在代北：《山海经笺疏》："高柳山在今山西代州北三十五里。"⑥后稷之葬：郭璞注："在广都之野。"《山海经笺疏》："广都，《海内经》作'都广'，是。"

流黄酆氏国　流沙　东胡　夷人　貊国　孟鸟

原文

流黄酆（fēng）氏之国①，中方三百里，有涂②四方，中有山。在后稷葬西。

流沙③出钟山，西行又南行昆仑之虚，西南入海，黑水之山。

东胡④在大泽东。

夷人在东胡东。

貊（mò）国⑤在汉水东北。地近于燕，灭之。

孟鸟⑥在貊国东北。其鸟文赤、黄、青，东乡⑦。

注释

①流黄酆氏之国：《山海经笺疏》："《海内经》作'流黄辛氏'，《淮南·墬形训》云'流黄沃氏在其北，方三百里'，即此也。"②涂：通"途"。③流沙：高诱注《吕氏春秋·本味篇》云："流沙在敦煌郡西八百里。"《水经》云"流沙，地在张掖居延县东北。"④东胡：《山海经笺疏》："《广韵》引《前燕录》云'昔高辛氏游于海滨，留少子厌越以居北夷，邑于紫蒙之野，号曰东胡'云云，其后为慕容氏。详《后汉书·乌桓鲜卑传》"⑤貊国：郭璞注："今扶余国即濊貊故地，在长城北，去玄菟千里，出名马、赤玉、貂皮，大珠如酸枣也。"⑥孟鸟：《山海经笺疏》："《海外西经》有'灭蒙鸟在结匈国北'，疑亦此鸟也，'灭、蒙'之声近'孟'。"⑦乡：同"向"。

海内昆仑之虚

原文

　　海内昆仑之虚①，在西北，帝之下都②。昆仑之虚，方八百里，高万仞。上有木禾，长五寻③，大五围。面有九井，以玉为槛④。面有九门，门有开明兽守之，百神之所在。在八隅之岩，赤水之际，非仁羿莫能上冈之岩。

注释

　　①昆仑之虚：郭璞注："言海内者，明海外复有昆仑山。"《说文》："虚，大丘也。昆仑丘谓之昆仑虚。"②帝之下都：天帝在人间的都邑。③寻：八尺为一寻。④槛：围栏。

赤水　河水　洋水　黑水　弱水　青水

原文

　　赤水①出东南隅，以行其东北。

　　河水出东北隅，以行其北，西南又入渤海，又出海外，即西而北，入禹所导积石山②。

　　洋水、黑水出西北隅，以东，东行，又东北，南入海，羽民南。

　　弱水、青水出西南隅，以东，又北，又西南，过毕方鸟东。

注释

①赤水：《山海经笺疏》："《穆天子传》云：'宿于昆仑之阿，赤水之阳。'"②积石山：郝懿行认为此山是《括地志》所记"小积石山"。

开明兽　凤皇　鸾鸟　开明北诸树

原文

昆仑南渊，深三百仞①。开明兽身大类虎而九首，皆人面，东向立昆仑上。

开明西有凤皇、鸾鸟，皆戴蛇践蛇，膺有赤蛇。

开明北有视肉、珠树、文玉树②、玗（yū）琪（qí）树、不死树，凤皇③、鸾鸟皆戴瞂（fá）④，又有离朱、木禾、柏树、甘水、圣木、曼兑⑤。一曰挺木牙交。

注释

①昆仑南渊：郭璞注："灵渊。"《山海经笺疏》："即《海内北经》云'从极之渊，深三百仞'者也。"②文玉树：郭璞注："五彩玉树。"③凤皇：凤凰。④瞂：盾牌。⑤圣木、曼兑：圣木，食之令人智圣也。曼兑，臧庸曰："挺木牙交，为曼兑之异文。'兑'读'锐'，'挺'当为'桯'字之讹也。"

开明东诸巫　服常树　开明南鸟兽树木

原文

开明东有巫彭、巫抵、巫阳、巫履、巫凡、巫相①，夹窫窳之尸，皆操不死之药以距之②。窫窳者，蛇身人面，贰负臣所杀也。

服常树，其上有三头人，伺琅（láng）玕（gān）树。

开明南有树，鸟六首；蛟、蝮（fù）蛇、蜼、豹、鸟秩树，于表池树木，诵鸟、鹩（sǔn）③、视肉。

注释

①"巫彭"句：郭璞注："皆神医也。"《说文》："古者，巫彭初作医。"②皆操不死之药以距之：郭璞注："为距却死气，求更生。"即神巫都拿着不死药去救治窫窳。③鹩：郭璞注："雕也。"

海内北经

《海内北经》记载了从海内的西北角到东北角的山川风物。其中有天帝惩罚贰负滥杀和舜妻所生两神女的故事，有日行千里的奇兽驺吾和兽头人身的环狗，还有为西王母觅食的三青鸟，同时再次提到了四帝之台。

蛇 巫 山

原文

海内西北陬以东者：

蛇巫之山，上有人操柸（bēi）①而东向立。一曰龟山。

注释

①柸：郭璞注："或作'桮'，字同。"郝懿行曰："柸即'桮'字之异文。"
服虔著《通俗文》："大杯曰桮。"

西王母　大行伯　犬封国　鬼国
蜪犬　穷奇

原文

西王母梯几而戴胜杖①。其南有三青鸟②，为西王母取食。在昆仑虚北。
有人曰大行伯③，把戈。其东有犬封国④。贰负之尸在大行伯东。

犬封国曰犬戎国，状如犬。有一女子，方跪进柸食。有文马，缟身
朱鬣⑤，目若黄金，名曰吉量，乘之寿千岁。

鬼国⑥在贰负之尸北，为物人面而一目。一曰贰负神在其东，为物人
面蛇身。

蜪（táo）犬，如犬，青，食人从首始。穷奇状如虎，有翼，食人从首始，
所食被发。在蜪犬北。一曰从足。

注释

①梯：依凭。《山海经笺疏》："如淳注
《汉书·司马相如传·大人传》引此经无'杖'
字。"②三青鸟：《大荒西经》："有三青鸟，
赤首黑目……一名曰青鸟。"李商隐《无题》诗：
"蓬山此去无多路，青鸟殷勤为探看。"③大行伯：
疑为共工之子脩。应劭《风俗通义·祀典》记载：
"共工之子脩，喜好远游。"④犬封国：郭璞注："昔
盘瓠杀戎王，高辛以美女妻之，不可以训，乃浮

犬封国人

之会稽东海中,得三百里地封之,生男为狗,女为美人,是为狗封之国也。"⑤鬣:某些兽类(如马、狮子等)颈上的长毛。⑥鬼国:即一目国,参见《海外北经》"一目国",又见《大荒北经》:"威姓,少昊之子。"《魏志·东夷传》:"女王国北有鬼国。"

众帝之台 大蠭

原文

帝尧台、帝喾台、帝丹朱台、帝舜台,各二台,台四方,在昆仑东北①。大蠭(fēng)②,其状如螽。朱蛾,其状如蛾③。

注释

①"帝尧台"句:《山海经笺疏》:"众帝之台已见《海外北经》。"②蠭:《山海经笺疏》:"蜂有极桀大者,仅曰'如螽',似不足方之。疑'螽'即'蠭'字之讹。"③蛾:蚍蜉,一种体型较大的蚂蚁。

蟜 阘非 据比之尸 环狗

原文

蟜(qiǎo)①,其为人虎文,胫有腎,在穷奇东。一曰状如人。昆仑虚北所有。

阘(tà)非②,人面而兽身,青色。

据比之尸,其为人折颈被发,无一手。

环狗③,其为人兽首人身。一曰猬状如狗,黄色。

注释

①蟜:《广韵》:"野人,有兽文。"文,同"纹"。②阘非:《山海经笺疏》:"《伊尹四方令》云'正西,阘耳'。疑即此。非,耳形相近。"③环狗:《伊尹四方令》:"正西,昆仑,狗国。"《易林》:"穿胸、狗邦。"《易林》是一部易学著作,西汉焦赣撰。

袜 戎 林氏国驺吾 昆仑山南氾林

原文

袜（mèi）[1]，其为物人身、黑首、从（zòng）[2]目。

戎，其为人人首三角。

林氏国[3]有珍兽，大若虎，五采毕具，尾长于身，名曰驺（zōu）吾，乘之日行千里。

昆仑虚南所有，氾林[4]方三百里。

注释

[1]袜：郭璞注："袜即魅也。"即鬼魅。[2]从：通"纵"。[3]林氏国：《山海经笺疏》："《周书·史记篇》云：'昔有林氏，召离戎之君而朝之。或单呼为戎，又与林氏国相比，疑是也。'"[4]氾林：《山海经笺疏》："《淮南·墬形训》云'樊桐在昆仑阊阖之中'。《广雅》：'昆仑虚有板桐。'氾、樊、板声相近。"

从极渊 冰夷 阳汙山 王子夜之尸

原文

从极之渊[1]，深三百仞，维冰夷[2]恒都焉。冰夷人面，乘两龙。一曰忠极之渊。

阳汙（yū）[3]之山，河出其中。凌门之山，河出其中。

王子夜之尸，两手、两股、胸、首、齿，皆断异处[4]。

注释

[1]渊：李善注《江都赋》引此经作"川"。[2]冰夷：即冯夷，传说中的水神河伯。《淮南子·齐俗》："昔者冯夷得道，以潜大川。"[3]阳汙：汙，同"纡"。《穆天子传》："至于阳纡之山，河伯无夷之所都居。"[4]"王子夜之尸"句：郭璞注："此盖形解而神连，貌乖而气合，合不为密，离不为疏。"

从极渊

登比氏　盖国　朝鲜　列姑射　射姑国

原文

舜妻登比氏生宵明、烛光[1]，处河大泽，二女之灵能照此所方百里。一曰登北氏。

盖国[2]在巨燕南，倭（wō）[3]北。倭属燕。

朝鲜[4]在列阳东，海北山南。列阳属燕。

列姑射（yè）[5]在海河州中。

射姑国[6]在海中，属列姑射。西南，山环之。

注释

[1]宵明、烛光：《戴记·檀弓篇》："舜葬于苍梧之野，盖三妃未之从也。"《帝王世记》："元妃娥皇无子，次妃女英生商均，次妃登北氏生二女：宵明、烛光，有庶子八人，皆不肖。"[2]盖国：《魏志·东夷传》："东沃沮在高句丽盖马大山之东。"唐章怀太子李贤注《后汉书》："盖马，县名，属玄菟郡。"玄菟郡辖境包括今辽宁东部东至朝鲜咸镜道一带。[3]倭：郭璞注："倭国在带方东，大海内，以女为主，其俗露紒，衣服无针功，以丹朱涂身。不妒忌，一男子数十妇也。"[4]朝鲜：《魏志·东夷传》："濊（huì），南与辰韩，北与高句丽、沃沮接，东穷大海，西至乐浪。"郭璞注："朝鲜，今乐浪县，箕子所封也。列亦水名也，今在带方，带方有列口县。"古带方、列口同属乐浪郡。[5]列姑射：《列子·黄帝篇》："列姑射山在海河洲中，山上有神焉，吸风饮露，不食五谷，心如渊泉，形如处女。"[6]射姑国：《山海经新校正》为"姑射国"。

大蟹　陵鱼　大鳊　明组邑　蓬莱山　大人之市

原文

大蟹[1]在海中。

陵鱼[2]，人面、手、足，鱼身，在海中。

大鳊[3]（biān）居海中。

明组邑[4]居海中。

蓬莱山[5]在海中。

大人之市[6]在海中。

注释

①大蟹：《周书·王会篇》："海阳大蟹。"西晋孔晁："海水之阳，一蟹盈车。"②陵鱼：东汉王逸注："鲮鱼，鲤也。"宋代刘逵："陵鲤有四足，状如獭，鳞甲似鲤，居土穴中，性好食蚁。"③大鳔：郭璞注："江东呼鳔为鳊。"④明组邑：《山海经笺疏》："盖海中聚落之名。"⑤蓬莱山：郭璞注："上有仙人宫室，皆以金玉为之，鸟兽尽白，望之如云，在渤海中也。"《史记·封禅书》："蓬莱、方丈、瀛洲，此三神山者，其传在渤海中'诸仙人及不死之药皆在焉。其物禽兽尽白，而黄金银为宫阙。示至，望之如云。"⑥大人之市：《山海经笺疏》："今登州海中州岛上，春夏之交，恒见城郭市廛，人物往来，有飞仙邀游，俄顷变幻，土人谓之海市。疑即此。"

明组邑

海内东经

《海内东经》记录了海内东北角以南各个山势、水脉的走向。在这片区域有岷江、湘水、汉水、渭水等大河，以及大夏、月支、韩雁等国。

巨燕　流沙中诸国

原文

海内东北陬以南者：

巨燕^①在东北陬。

国在流沙^②中者，埻（dūn）端、玺㬇（huàn）^③，在昆仑虚东南。一曰海内之郡，不为郡县，在流沙中。

国在流沙外者，大夏、竖沙、居繇、月支之国^④。

注释

①巨燕：大燕国。②流沙：《山海经笺疏》："《海内东经》而说流沙内外之国，下又杂厕东南诸州及诸水，疑皆古经之错简。"③埻端、玺㬇：都是国名。④大夏、竖沙、居繇、月支之国：皆西域国名。

白玉山国　雷泽　都州

原文

西胡白玉山^①在大夏东，苍梧^②在白玉山西南，皆在流沙西，昆仑虚东南。昆仑山^③在西胡西。皆在西北。

雷泽^④中有雷神，龙身而人头，鼓其腹。在吴西。

都州在海中，一曰郁州^⑤。

注释

①白玉山：《三国志》注引《魏略》："大秦西有海水，海水西河水，河水西南北行有大山，西有赤水，赤水西有白玉山，白玉山西有西王母。"白玉山、西王母皆国名。②苍梧：《山海经笺疏》："此别一苍梧，非南海苍梧也。"③昆仑山：郭璞注："《地理志》：'昆仑山在临羌西，又有西王母祠也。'"《山海经笺疏》："然详此经所说，盖海内西经注所云'海外复有昆仑'者也。郭引《地理志》复以海内昆仑说之，似非。"④雷泽：郭璞注："今城阳有尧冢灵台，雷泽在北也。"《山海经笺疏》："《地理志》：'济阴郡成阳，有尧冢、灵台。'《禹贡》雷泽在西北。"⑤都州在海中，一曰郁州：郭璞注："今在东海朐县界，世传此山自苍梧从南徙来，上皆有南方物也。"《山海经笺疏》："《水经注》亦云'言是山自苍梧徙此，云山上犹有南方草木'。"

琅邪　韩雁　始鸠　会稽山

原文

琅（láng）邪（yá）台①在渤海间，琅邪之东。其北有山②。一曰在海间。

韩雁③在海中，都州南。

始鸠④在海中，辕厉⑤南。

会（kuài）稽山在大楚南。

注释

①琅邪台：郭璞注："今琅邪在海边，有山樵巉特起，状如高台，此即琅邪台也。琅邪者，越王句践入霸中国之所都。"《山海经笺疏》："《越绝书》：'句践徙琅邪，起观台，台周七里，以望东海。'今详此经，是地本有台，句践特更增筑之耳。故《史记·索引》云是山'形如台'也，斯言得之。"②其北有山：《山海经笺疏》："琅邪台在今沂州府，其东北有山，盖劳山也。劳山在海间，一曰牢山。"③韩雁：《山海经笺疏》："韩雁盖古国名。韩有三种，见《魏志·东夷传》。"马韩、辰韩、弁韩，合称三韩。④始鸠：郭璞注："国名。或曰，鸟名也。"⑤辕厉：《山海经笺疏》："辕厉疑'韩雁'之讹也。韩、辕、雁、厉，并字形相近。"

岷三江　浙江　庐江　淮水　湘水

原文

岷三江：首大江出汶山①，北江出曼山②，南江出高山③。高山在城都④西。入海在长州南。

浙江出三天子都⑤，在其东。在闽西北，入海，余暨⑥南。

庐江出三天子都，入江，彭泽西。一曰天子鄣。

淮水出余山，余山在朝阳⑦东，义乡西，入海，淮浦北。

湘水出舜葬东南陬，西环之。入洞庭下。一曰东南西泽。

注释

①汶山：《山海经笺疏》："汶即岷也，已见《中次九经》岷山。"郭璞注："今江出汶山郡升迁县岷山，东南经蜀郡犍为至江阳，东北经巴东、建平、宜都、南郡、江夏、弋阳、安丰至庐江南界，东北经淮南、下邳至广陵郡入海。"②曼山：《山海经笺疏》："曼山即崌山。"③高山：《山海经笺疏》："高山即崃山。"④城都：

《山海经笺疏》："城当为成。"⑤浙江、三天子都：浙江即钱塘江。三天子都，已见《海内南经》。⑥余暨：郭璞注："余暨县属会稽，今为永兴县。"⑦朝阳：郭璞注："朝阳县今属新野。"《山海经笺疏》："《地理志》云'南阳郡、朝阳'应劭注云'在朝水之阳'。《艺文类聚》八卷引此经无'东'字。《晋书·地理志》朝阳、新野并属义阳郡。"

汉水　漾水　温水　颍水　汝水　泾水

原文

汉水①出鲋鱼之山，帝颛顼葬于阳，九嫔葬于阴，四蛇卫之。
漾水出汉阳西②，入江，聂阳西。
温水出崆峒山，在临汾南③，入河，华阳北。
颍水出少室，少室山在雍氏南，入淮西、鄢北。一曰缑氏④。
汝水出天息山，在梁勉乡西南，入淮极西北。一曰淮在期思北⑤。
泾水出长城北山，山在郁郅、长垣北，北入渭，戏北⑥。

注释

①汉水：郭璞注："《书》曰：'嶓冢导漾，东流为汉。'"《山海经笺疏》："汉水所出，已见《西山经》嶓冢之山，此经云'出鲋鱼之山'，鲋鱼或作鲋隅，即《海外北经》务隅之山，《大荒北经》又作'附鱼之山'，皆即广阳山之异名也，与汉水源流绝不相蒙，疑经有讹文。《北堂书钞》九十二卷引'汉水'作'濮水'，水在东郡濮阳，正颛顼所葬，似作'濮'者得之矣，宜据以订正。"②漾水、汉阳：《山海经笺疏》："漾水即大渡水也。发蒙溪。"郭璞注："汉阳县属朱提。"③"温水"句：郭璞注："今温水在京兆阴盘县，水常温也。临汾县属平阳。"《山海经笺疏》："《正义》引《括地志》云'空桐山在肃州禄福县东南'，又云'笄头山一名崆峒山，在原州平阳县西百里，《禹贡》泾水所出'。"④"颍水"句：郭璞注："今颍水出河南阳城县乾山，东南经颍川汝阴至淮南下蔡，入淮。鄢，今鄢陵县，属颍川。"⑤"汝水"句：郭璞注："今汝'水出'南阳鲁阳县大盂山，东北至河南梁县，东南经襄城、颍川、汝南至汝阳褒信县入淮。淮极，地名。"⑥"泾水"句：郭璞注："今泾水出安定朝县西笄头山，东南经新平、扶风至京兆高陵县入渭；郁郅、长垣，皆县名也。"

渭水 白水 沅水 赣水
泗水 肄水 潢水 洛水

原文

渭水出鸟鼠同穴山，东注河，入华阴北①。

白水出蜀，而东南注江，入江州城下②。

沅水山出象郡镡（xín）城西，入东注江，入下隽西，合洞庭中③。

赣水出聂都东山，东北注江，入彭泽西④。

泗水出鲁东北而南，西南过湖陵西，而东南注东海，入淮阴北⑤。

郁水出象郡，而西南注南海，入须陵东南⑥。

肄水出临晋西南，而东南注海，入番禺西⑦。

潢水⑧出桂阳西北山，东南注肄水，入敦浦西。

洛水出洛西山，东北注河，入成皋西⑨。

注释

①"渭水"句：郭璞注："鸟鼠同穴山，今在陇西首阳县，渭水出其东，经南安、天水、略阳、扶风、始平、京兆、弘农、华阴县入河。"渭水已见《西次四经·鸟鼠同穴之山》。②"白水"句：郭璞注："色微白浊，今在梓潼白水县，源从临洮之西西倾山来，经沓中，东流通阴平至汉寿县入潜；江州县属巴郡。"《山海经笺疏》："《地理志》云：'广汉郡，甸氏道：白水出徼外，东至葭明入汉。'"甸氏道，西汉置，属广汉郡。治所在四川省南坪县境。东汉属广汉属国都尉，三国蜀废。③"沅水"句：《地理志》："沅水东至益阳入江。"益阳，在湖南省中北部，洞庭湖南岸。郭璞注："象郡今日南也。镡城县今属武陵。"下隽，古县名，西汉置，因隽水得名，在今洞庭湖东北岸。④"赣水"句：《山海经笺疏》："《地理志》云'豫章郡，赣：豫章水出西南，北入江'。"⑤"泗水"句：郭璞注："今泗水出鲁国卞县，西南至高平湖陆县，东南经沛国、彭城、下邳至临淮下相县入淮。"《山海经笺疏》："《地理志》云：'济阴郡，乘氏：泗水东南至睢陵入淮。'是盖别一泗水，非此经所说也。"⑥"郁水"句：郁水，《山海经笺疏》："即豚水也。《地理志》：'牂（zāng）牁（kē）郡，夜郎：豚水东至广郁。'"须陵，《山海经笺疏》："《海内南经》云：'郁水出湘陵南海，一曰相虑。'此经又云'须陵'，疑'须陵'即'湘陵'，声转为'相

虑'。"⑦"肄水"句：郭璞注："番禺县属南海，越之城下也。"水出临晋，《山海经笺疏》："晋当为'武'；《说文》：'溱（zhēn）水出桂阳临武，入汇。'肄水盖溱水之别名也。"⑧潢水：《山海经笺疏》："即洭（kuāng）水也。亦曰桂水。"⑨"洛水"句：《山海经笺疏》："洛水所出，《中次四经》谓之'谨举山'；《地理志》谓之'冢岭山'，此经又谓之'洛西山'。"郭璞注："成皋县亦属河南也。"

汾水　沁水　济水　潦水　虖沱水　漳水

原文

汾水①出上窳北，而西南注河，入皮氏南。
沁水出井陉山东，东南注河，入怀东南②。
济水出共山南东丘，绝巨鹿泽，注渤海，入齐琅槐东北③。
潦水出卫皋东，东南注渤海，入潦阳④。
虖沱水出晋阳城南，而西至阳曲北，而东注渤海，入越章武北⑤。
漳水出山阳东，东注渤海，入章武南⑥。

注释

①"汾水"句：郭璞注："今汾水出太原晋阳，故汾阳县，东南经晋阳，西南经河西平阳，至河东汾阴入河。"《山海经笺疏》："汾水已见《北次二经·管涔之山》。"皮氏，郭璞注："皮氏县属平阳。"②"沁水"句：《山海经笺疏》："沁水已见《北次三经·谒戾之山》"③"济水"句：《水经》："济水出河东垣县东王屋山，为沇（yǎn）水。又东至温县西北，为济水。"孔安国："泉源为沇，流去为济。"《山海经笺疏》："济水已见《北次二经》王屋之山。"④"潦水"句：郭璞注："出塞外卫皋山。玄菟高句骊县有潦山，小潦水所出。西河注大潦。"皋，《山海经笺疏》："《水经》作'白平'。"⑤"虖沱水"句：《山海经笺疏》："虖沱所出，已见《北次三经》泰戏之山。"⑥"漳水"句：郭璞注："新城泜阴县亦有漳水。"《山海经笺疏》："'泜阴'当'泜（yí）乡'，字之讹也。新城郡泜乡，见《晋书·地理志》。南方别有漳水，入沮，见《中次八经·荆山》也。"

大荒东经

《大荒东经》记载的国家、山川大致位于中国的东部，与《海外东经》所记录的地域大致相同，如大人国、小人国、君子国、黑齿国等。但值得一提的是，这些国家的人开始有了姓氏。经中还详细说明了这些国家的形成过程，如王亥丧命有易的故事，讲述了困民国灭亡和摇民国建立的过程。

少昊之国　甘山　皮母地丘　大言山

原文

东海之外大壑①，少昊②之国。少昊孺③帝颛顼于此，弃其琴瑟④。有甘山者，甘水出焉，生甘渊。

大荒东南隅有山，名皮母地丘⑤。东海之外，大荒之中，有山名曰大言⑥，日月所出。

注释

①大壑：大谷。《列子·汤问》："其下无底，名曰归虚。"②少昊：亦作少暤，名挚。见《西次三经》。③孺：养育。④弃其琴瑟：郭璞注："言其壑中有琴瑟也。"⑤皮母地丘：《山海经笺疏》："《淮南·墬形训》云'东南方曰波母之山'盖'波母'之'波'字脱水旁，因为'皮'尔。"

少昊之国

波谷山　小人国　梨魗　潏山　芣国

原文

有波谷山者，有大人之国，有大人之市，名曰大人之堂。有一大人踆①其上，张其两耳②。有小人国，名靖人③。有神，人面兽身，名曰梨魗（líng）④之尸。有潏（jué）山，杨水出焉。有芣（wěi）国，黍食，使四鸟：虎、豹、熊、罴。

大荒之中，有山名曰合虚，日月所出。

注释

①踆，古"蹲"字。②耳，《太平御临览》三百七十七卷及三百九十四卷引此经，"耳"皆作"臂"。③靖人：细小之人。④魗：同"灵"，神之意。

中容国　君子国　司幽国　大阿山　明星山

原文

　　有中容之国。帝俊①生中容，中容人食兽、木实，使四鸟：豹、虎、熊、罴。

　　有东口之山。有君子之国②，其人衣冠带剑。

　　有司幽之国。帝俊生晏龙，晏龙生司幽，司幽生思士，不妻思女，不夫③，食黍，食兽，是使四鸟④。

　　有大阿之山者。

　　大荒中，有山名曰明星，日月所出。

注释

　　①帝俊：郭璞注："俊亦舜字，假借音也。"《山海经笺疏》："据《左传》文十八年云'高阳氏才子八人'内有中容；但经内'帝俊'迭见，经文踳（chuǎn）驳，当在阙疑。"踳驳：错乱，驳杂。②君子之国：郭璞注："亦使虎豹，好谦让也。"《山海经笺疏》："其人又食兽也，见《海外东经》。"③不妻、不夫：郭璞注："言其人直思感而气通，无配合而生子。"④四鸟：《山海经笺疏》："当为豹、虎、熊、罴。"

白民国　青丘国　柔仆民
黑齿　夏州　盖余　天吴

原文

　　有白民之国。帝俊生帝鸿①，帝鸿生白民，白民销姓，黍食，使四鸟：虎、豹、熊、罴。

　　有青丘之国，有狐九尾。

　　有柔仆民，是维嬴土之国。

　　有黑齿之国。帝俊生黑齿，姜姓，黍食，使四鸟。

　　有夏州之国，有盖余之国。有神人，八首人面，虎身十尾，名曰天吴②。

注 释

①帝鸿：即黄帝。②天吴：已见《海外东经》。

鞠陵于天　东极　离瞀　折丹

原 文

大荒之中，有山名曰鞠陵于天、东极①、离瞀（mào），日月所出。名曰折丹②，东方曰折，来风曰俊，处东极以出入风。

注 释

①东极：《淮南·墬形训》："东方曰东极之山。"②折丹：郭璞注："神人。"《山海经笺疏》："'名曰折丹'，上疑脱'有神'二字。"

禺猇　禺京　招摇山　玄股国

原 文

东海之渚①中，有神，人面鸟身，珥两黄蛇，践两黄蛇，名曰禺猇②。黄帝生禺猇（hào），禺猇生禺京。禺京处北海，禺猇处东海，是惟海神。

有招摇山，融水出焉。有国曰玄股，黍食，使四鸟③。

注 释

①渚：岛。②禺猇：即禺强，见《海外北经》。③使四鸟：《山海经笺疏》："高诱注《淮南·墬形训》引此经作'两鸟夹之'，与今本异。"

困民国　王亥

原文

　　有困民国，勾姓而食①。有人曰王亥②，两手操鸟，方食其头。王亥托于有易、河伯、仆牛。有易杀王亥，取仆牛。河念有易，有易潜出，为国于兽，方食之，名曰摇民。帝舜生戏，戏生摇民。

注释

　　①勾姓而食：《山海经笺疏》："'勾姓'下'而食'上当有阙脱。"根据上文，袁珂认为"而"应为"黍"字。②王亥：郭璞注："《竹书》曰：'殷王子亥宾于有易而淫焉，有易之君绵臣杀而放之，是故殷主甲微假师于河伯，以伐有易，灭之，遂杀其君绵臣也。'"殷主甲微，宋本作殷上甲微。上甲微，商国君主，王亥的儿子，一说是侄子。

女丑　孽摇頵羝

原文

　　海内有两人①，名曰女丑。女丑有大蟹。
　　大荒之中，有山名曰孽摇頵羝，上有扶木②，柱三百里，其叶如芥。有谷曰温源谷。汤谷上有扶木。一日方至，一日方出，皆载于乌③。

注释

　　①两人：郭璞注："此乃有易所化者也。"《山海经笺疏》："'两人'，盖一为摇民，一为女丑。"②扶木：扶桑树。③乌：郭璞注："中有三只乌。"

女丑

奢比尸　五采鸟

有神，人面、犬耳、兽身，珥两青蛇，名曰奢比尸①。

有五采之鸟，相乡弃沙②。惟帝俊下友。帝下两坛，采鸟是司③。

注释

①奢比尸：见《海外东经》。②沙：《山海经笺疏》："'沙'与'娑'同，鸟羽娑娑然也。"③"惟帝俊下友"两句：郭璞注："言山下有舜二坛，五采鸟主之。"采，同"彩"。帝俊下友，意思是帝俊下与五彩鸟为友。

猗天苏门山、綦山等诸山

原文

大荒之中，有山名曰猗天苏门①，日月所生。有埙（xuān）民之国。

有綦（jī）山，又有摇山，有䎽（zèng）山，又有门户山，又有盛山，又有待山，有五采之鸟。

①猗天苏门：《山海经广注》："卢楠《沧溟赋》'观乎猗天之阙'谓此山也。"卢楠，字子木，大名浚县人。卢楠所作骚赋，最为王世祯称许，著有《蝼蝼集》五卷。

壑明俊疾山　东北海外

原文

东荒之中，有山名曰壑明俊疾，日月所出。有中容之国①。

东北海外，又有三青马、三骓（zhuī）②、甘华。爰有遗玉、三青鸟、三骓、视肉、甘华、甘柤。百谷所在。

注释

①中容之国：《山海经笺疏》："中容之国，已见上文。诸文重复杂沓，盖作者非一人，书成非一家故也。"②三骓：《山海经笺疏》："三骓，详《大荒南经》。"郭璞注："马苍白杂毛为骓。"

女和月母国

原文

有女和月母①之国。有人名曰鹓（wǎn）。北方曰鹓，来之风曰㸔（yǎn）②，是处东极隅以止日月③，使无相间出没，司其短长④。

注释

①女和月母：《山海经笺疏》："女和月母即羲和常仪之属也。"②"北方曰鹓"句：郭璞注："言亦有两名也。"③东极隅以止日月：《山海经笺疏》："此人处东极以止日月者，日月皆出东方故也。"④"使无相间"句：郭璞注："言鹓主察日月出入，不令得相间错，知景之短长。"

凶犁土丘　应龙

原文

　　大荒东北隅中，有山名曰凶犁土丘。应龙①处南极，杀蚩尤与夸父，不得复上②，故下数（shuò）旱③。旱而为应龙之状，乃得大雨④。

注释

　　①应龙：郭璞注："龙有翼者也。"②不得复上：郭璞注："应龙遂住地下。"③故下数旱：郭璞注："上无复作雨者故也。"④"旱而为应龙之状"句：遇到旱灾时，人们便装扮成应龙的样子，就能得到大雨。

应龙

东海夔牛

东海中有流波山，入海七千里。其上有兽，状如牛，苍身而无角，一足，出入水则必风雨，其光如日月，其声如雷，其名曰夔（kuí）[1]。黄帝得之，以其皮为鼓，橛（jué）[2]以雷兽[3]之骨，声闻五百里，以威天下。

[1]夔：《山海经笺疏》："夔，如龙一足，从'夂'，象有角手、人面之形。"[2]橛：击。[3]雷兽：雷神。

大荒南经

　　《大荒南经》记载的国家、山川河流大致位于中国的南方。所记国家多与《海外南经》中的国家重复，如不死国、羽民国、焦侥国等。经中有许多奇异的内容，如卵民国中人产卵繁衍后代，三只青兽合并而成的双双。"后羿射日"的神话传说也出自此篇。

踆踢　双双　阿山　氾天　苍梧之野

原文

南海之外，赤水之西，流沙之东，有兽，左右有首[1]，名曰踆（chù）踢[2]。有三青兽[3]相并，名曰双双。

有阿山者。南海之中，有氾天之山[4]，赤水穷焉。赤水之东，有苍梧之野，舜与叔均之所葬[5]也。爰有文贝、离俞、鸱久、鹰、贾、委维[6]、熊、罴、象、虎、豹、狼、视肉。

注释

[1] 左右有首：《山海经笺疏》："并封前后有首，此左右有首，所以不同并封，见《海外西经》。然《大荒西经》之屏蓬即并封也，亦云左右有首。" [2] 踆踢：高诱注："兽名，形则未闻。"毕沅注："'踆踢'当为'述荡'之讹。"《吕氏春秋·本味篇》："肉之美者，述荡之掔（wàn）。"掔，脚与

踆踢

小腿之间相连接可以活动的部分。 [3] 三青兽：也称三青鸟。 [4] 氾天之山：郭璞注："流极于此山也。"《山海经笺疏》："《西次三经》：'昆仑之丘，赤水出焉，而东南流注于氾天之水。'" [5] 舜与叔均之所葬：郭璞注："叔均，商均也。舜巡狩，死于苍梧而葬之，商均因留，死，亦葬焉。墓在今九疑之中。" [6] 离俞、鸱久、贾、委维：分别是离朱、鸺鹠（俗称小猫头鹰）、乌鸦、委蛇（两头蛇）。

荣山　黑水玄蛇　巫山　黄鸟

原文

有荣山，荣水出焉。黑水之南，有玄蛇，食麈（zhǔ）[1]。

有巫山者，西有黄鸟。帝药[2]，八斋[3]。黄鸟于巫山，司此玄蛇。

注释

[1]食麈：郭璞注："今南山蚺蛇吞鹿，亦此类。"麈，驼鹿。[2]帝药：郭璞注："天帝神仙药在此也。"[3]斋：精舍为斋。

黄　鸟

三身国　季禺国　羽民国　卵民国

原文

　　大荒之中，有不庭之山[1]，荣水穷焉。有人三身。帝俊妻娥皇，生此三身之国。姚姓，黍食，使四鸟。有渊四方，四隅皆达，北属黑水，南属大荒。北旁名曰少和之渊，南旁名曰从渊，舜之所浴也。

　　又有成山，甘水穷焉。有季禺之国，颛顼之子，食黍。有羽民之国，其民皆生毛羽。有卵民之国，其民皆生卵。

注释

[1] 不庭之山：《吕氏春秋·谕大篇》："地大则有常祥、不庭、不周。"

娥皇

不姜山　盈民国　不死国

原文

大荒之中，有不姜之山，黑水①穷焉。又有贾山，汔（qì）水出焉。又有言山，又有登备之山②，有恝恝（qì）之山。又有蒲山，澧（lǐ）水出焉。又有隗（wěi）山，其西有丹③，其东有玉。又南有山，漂水出焉。有尾山，有翠山。

有盈民之国，於姓，黍食。又有人方食木叶④。

有不死之国⑤，阿姓，甘木是食。

注释

①黑水：见《海内西经》。②登备之山：郭璞注："即登葆山，群巫所从上下者也。"《山海经笺疏》："登葆山见《海外西经》巫咸国。"③其西有丹：《山海经笺疏》："经内丹类非一，此但名之曰丹，疑即丹膜之省文也。"④有人方食木叶：《穆天子传》："有模堇，其虽是食明后。"高诱注《吕氏春秋·本味篇》："赤木、玄木，皆可食，食之而仙也。"⑤不死之国：《山海经笺疏》："不死树在昆仑山，见《海内西经》；不死民见《海外南经》。"

去痓山　不廷胡余神　因因乎　季厘　缗渊

原文

大荒之中，有山名曰去痓（chì）①。南极果，北不成，去痓果。

南海渚中有神，人面，珥两青蛇，践两赤蛇，曰不廷胡余②。

有神名曰因因乎，南方曰因因乎，夸风曰乎民，处南极以出入风③。

有襄山，又有重阴之山。有人食兽，曰季厘。帝俊生季厘④，故曰季厘之国。有缗渊。少昊生倍伐，倍伐降处缗渊。有水四方，名曰俊坛⑤。

注释

①瘛：中医指抽风、惊厥等症状。②不廷胡余：神名。③处南极以出入风：《山海经笺疏》："《大荒东经》有神名曰折丹，处东极以出入风。此神处南极以出入风。二神出巽位以调八风之气也。"④帝俊生季厘：《山海经笺疏》："《左传》云'高辛氏才子八人，有季狸'。'狸、厘'同声，疑是也。是此帝俊又为帝喾也。"⑤有水四方，名曰俊坛：郭璞注："水状似土坛，因名舜坛也。"

载民国　融天山　凿齿

原文

有载民之国。帝舜生无淫，降载处，是谓巫载民。巫载民盼（fén）姓，食谷，不绩不经，服也；不稼不穑，食也①。爰有歌舞之鸟，鸾鸟自歌，凤鸟自舞。爰有百兽，相群爰处。百谷所聚。

大荒之中，有山名曰融天，海水南入焉。

有人曰凿齿，羿杀之。

注释

①"不绩不经"句：郭璞注："言自然有布帛；言五谷自生也。"

蜮民国　育蛇　枫木

原文

有蜮（yù）山者，有蜮民之国[1]，桑姓，食黍，射蜮是食。有人方扞（yū）[2]弓射黄蛇，名曰蜮人。

有宋山者，有赤蛇，名曰育蛇。有木生山上，名曰枫木。枫木，蚩尤所弃其桎梏（gù），是为枫木[3]。

注释

[1]蜮民之国：郭璞注："蜮，短狐也。似鳖，含沙射人，中之则病死。此山出之，亦以名云。"[2]扞：挽，引，持。[3]"枫木"句："蚩尤为黄帝所得，械而杀之，已摘弃其械，化而为树也。"郭璞注："即今枫香树。"

祖状之尸　焦侥国　歺涂山　云雨山

原文

有人方齿虎尾，名曰祖（zhā）[1]状之尸。

有小人，名曰焦侥之国[2]，几（jī）姓，嘉谷是食。

大荒之中，有山名歺（xiǔ）涂之山，青水穷焉。有云雨之山，有木名曰栾[3]。禹攻[4]云雨，有赤石焉生栾，黄本，赤枝，青叶，群帝焉取药。

注释

[1]祖：同"祖"。[2]焦侥之国：郭璞注："皆长三尺。"已见《海外南经》。[3]栾：木兰。[4]攻：郭璞注："攻谓槎伐其林木。"槎，砍，斫。

颛顼国　鼬姓国　张弘国　驩头国

原文

　　有国曰颛顼，生伯服[1]，食黍。有鼬姓之国，有苕山，又有宗山，又有姓山，又有壑山，又有陈州山，又有东州山。又有白水山，白水出焉，而生白渊，昆吾[2]之师所浴也。

　　有人曰张弘，在海上捕鱼。海中有张弘之国[3]，食鱼，使四鸟。

　　有人焉，鸟喙，有翼，方捕鱼于海。

　　大荒之中，有人名曰驩头。鲧（gǔn）妻士敬，士敬子曰炎融，生驩头。驩头人面鸟喙，有翼，食海中鱼，杖翼而行。维宜芑、苣（jù）、穋（lù）、杨是食。有驩头之国[4]。

注释

　　[1]伯服：《世本》："颛顼生偁（chēng），偁字伯服。" [2]昆吾：古诸侯名。 [3]张弘之国：即《海外西经》奇肱之国。 [4]驩头之国：已见《海外南经》。

岳山　天台高山　羲和　盖犹山　菌人　南类山

原文

　　帝尧、帝喾、帝舜葬于岳山[1]。爰有文贝、离俞、鸱久、鹰、延维、视肉、熊、罴、虎、豹；朱木、赤枝、青华、玄实。有申山者。

　　大荒之中，有山名曰天台高山，海水入焉。

　　东南海之外，甘水之间，有羲和之国。有女子名曰羲和[2]，方日浴于甘渊。羲和者，帝俊之妻，生十日。

　　有盖犹之山者，其上有甘柤（zhā），枝干皆赤，黄叶，白华，黑实。东又有甘华，枝干皆赤，黄叶。有青马，有赤马，名曰三骓，有视肉。

　　有小人，名曰菌人[3]。

　　有南类之山。爰有遗玉、青马、三骓、视肉、甘华。百谷所在。

注释

①岳山：郭璞注：即狄山也。②羲和：《山海经笺疏》："《史记正义》引《帝王世纪》云'帝喾次妃娵訾氏女曰常仪'，《大荒西经》又有帝俊妻常羲，疑与常仪及此经羲和通为一人耳。故尧因此而立羲和之官，以主四时。"③菌人：《山海经笺疏》："盖靖人类也，已见《大荒东经》。"

大荒西经

《大荒西经》记载的国家、山川大致位于中国西部，与《海外西经》中的部分国家相同。

这一章有许多神话传说，如共工怒撞不周山、女娲之肠化为神等。其中如后稷降百谷、叔均耕作播百谷，指出了农业的起源；太子长琴始作乐风，指出了音乐的起源。

不周负子山　寒暑水　淑士国　女娲之肠

原文

西北海之外，大荒之隅，有山而不合，名曰不周负子[1]，有两黄兽守之。有水曰寒暑之水。水西有湿山，水东有幕山。有禹攻共工国山。

有国名曰淑士，颛顼之子[2]。

有神十人，名曰女娲之肠，化为神，处栗广之野[3]，横道而处。

注释

[1]不周负子：《淮南子》："昔者共工与颛顼争帝，怒而触不周之山，天维绝，地柱折。"《山海经笺疏》："《文选》注《甘泉赋》《思玄赋》及《太平御览》引此经，并无'负子'二字。"[2]颛顼之子：郭璞注："言亦出高阳氏也。"[3]"女娲之肠"句：郭璞注："或作女娲之腹。女娲，古神女而帝者，人面蛇身，一日中七十变，其腹化为此神；栗广，野名。"

石夷　狂鸟　白氏国　长胫国　西周国

原文

有人名曰石夷，来风曰韦，处西北隅，以司日月之长短。有五采之鸟，有冠，名曰狂鸟[1]。

有大泽之长山。有白氏之国。

西北海之外，赤水之东，有长胫之国。

有西周之国，姬姓，食谷。有人方耕，名曰叔均。帝俊生后稷，稷降以百谷。稷之弟曰台玺，生叔均。叔均是代其父及稷播百谷，始作耕。有赤国妻氏，有双山。

注 释

①狂鸟：郭璞注："《尔雅》云：'狂，梦鸟'，即此也。"

柜格松　先民国　始均
太子长琴　五采鸟　菟状虫

原 文

西海之外，大荒之中，有方山者，上有青树，名曰柜格之松，日月所出入也。

西北海之外，赤水之西，有先民之国①，食谷，使四鸟。

有北狄之国。黄帝之孙曰始均，始均生北狄。

有芒山，有桂山，有榣山，其上有人，号曰太子长琴。颛顼生老童②，老童生祝融，祝融生太子长琴，是处榣山，始作乐风③。

有五采鸟三名：一曰皇鸟，一曰鸾鸟，一曰凤鸟。

有虫状如菟④，胸以后者裸不见，青如猨状。

注 释

①先民之国：《山海经笺疏》："'先'当为'天'字之讹也。《淮南·墬形训》海外三十六国中有'天民'。"②颛顼生老童：《大戴礼》："颛顼娶于滕氏奔之子，谓之女禄，产老童也。"③"老童生祝融"句：《山海经笺疏》："《西次三经·騩山》：老童发音'常如钟磬'，故知长琴解'作乐风'，其道亦有所受也。"④有虫状如菟：《山海经笺疏》："'菟、兔'通。此兽也，谓之'虫'者，自人及鸟兽之属通谓之虫，见《大戴礼·易本命篇》。"

丰沮玉门 灵山十巫 沃民国
沃野 三青鸟 轩辕台

原文

大荒之中，有山名曰丰沮玉门，日月所入。

有灵山，巫咸、巫即、巫盼、巫彭、巫姑、巫真、巫禮、巫抵、巫谢、巫罗十巫，从此升降，百药爰在①。

西有王母之山、壑山、海山②。有沃之国③，沃民是处。沃之野，凤鸟之卵是食，甘露是饮。凡其所欲，其味尽存。爰有甘华、甘柤、白柳、视肉、三骓、璇瑰、瑶碧、白木、琅玕、白丹、青丹，多银、铁。鸾凤自歌，凤鸟自舞。爰有百兽，相群是处，是谓沃之野④。

有三青鸟，赤首黑目，一名曰大鵹，一名曰少鵹，一名曰青鸟。

有轩辕之台，射者不敢西向射，畏轩辕之台⑤。

注释

①"从此升降"句：郭璞注："群巫上下此山采之也。"②"西有"句：郭璞注："皆群大灵之山。"《山海经笺疏》："'西有'当为'有西'。"③沃之国：郭璞注："言其土饶沃也。"④沃之野：见《海外西经》。⑤轩辕之台：即轩辕之丘，见《海外西经》。

龙山 女丑尸 女子国 丈夫国 鸣鸟

原文

大荒之中，有龙山，日月所入。有三泽水，名曰三淖，昆吾之所食也①。有人衣青，以袂（mèi）②蔽面，名曰女丑之尸。有女子之国。有桃山。有䖟（méng）山。有桂山。有于土山。有丈夫之国。有弇（yān）州之山，五采之鸟仰天，名曰鸣鸟。爰有百乐歌儛之风。

注释

①食：意谓昆吾食其国邑。即昆吾掌管这里的税收。②袂：袖。

轩辕国　弆兹神

原文

有轩辕之国①，江山之南栖为吉②，不寿者乃八百岁。

西海陼（zhǔ）中③，有神，人面鸟身，珥两青蛇，践两赤蛇，名曰弆兹④。

注释

①轩辕之国：郭璞注："其人人面蛇身。"见《海外西经》。②江山之南栖为吉：轩辕国的人都喜欢居住在江山的南边，认为那是吉祥之地。③陼：郭璞注："《尔雅》：'小洲曰陼。'陼，同'渚'。"④弆兹：《山海经笺疏》："此神形状，全似北方神禺强，唯彼作践两青为异。"见《海外北经》。

日月山　嘘神　重黎绝天地

原文

大荒之中，有山名曰月山，天枢（shū）也。吴姖天门，日月所入。有神，人面无臂，两足反属于头山①，名曰嘘。颛顼生老童，老童生重及黎②，帝令重献上天，令黎邛下地。下地是生噎，处于西极，以行日月星辰之行次。

注释

①于头山：《山海经笺疏》："'山'当为'上'字之讹。"②重及黎：《大戴礼·帝系篇》："老童娶于竭水氏，竭水氏之子谓之高纲氏，产重黎及吴回。"重黎，传说中掌管火的官员。此经将重与黎分为二人，未见其他版本。

天虞　常羲浴月　玄丹神鸟　孟翼攻颛顼池

原文

有人反臂，名曰天虞①。

有女子方浴月。帝俊妻常羲②，生月十有二，此始浴之。

有玄丹之山。有五色之鸟，人面有发。爰有青鸢（wén）、黄鷔（áo），青鸟、黄鸟，其所集者其国亡。有池，名孟翼之攻颛顼之池。

注释

①天虞：郭璞注："即尸虞也。"《山海经笺疏》："尸虞未见所出，据郭注当有成文经，疑在经内，今逸。" ②帝俊妻常羲：见《大荒南经》中羲和的词条注。

鏖鏊巨山　屏蓬兽　黄姖尸
比翼鸟　白鸟　天犬

原文

大荒之中，有山名曰鏖（áo）鏊（ào）巨，日月所入者。

有兽，左右有首，名曰屏蓬①。

有巫山者。有壑山者。有金门之山，有人名曰黄姖之尸。有比翼之鸟。有白鸟，青翼，黄尾，玄喙。有赤犬，名曰天犬，其所下者有兵②。

注释

①屏蓬：即并封。见《海外西经》。 ②"有赤犬"句：《山海经笺疏》："赤犬名天犬，此自兽名，亦如《西次三经》阴山有兽名天狗耳。"

昆仑西王母

原文

西海之南，流沙之滨，赤水之后，黑水之前，有大山，名曰昆仑之丘。有神，人面虎身，有文有尾，皆白处之[1]。其下有弱水之渊环之，其外有炎火之山，投物辄然。有人戴胜，虎齿，有豹尾，穴处，名曰西王母。此山万物尽有。

注释

[1]"有神"句：《山海经笺疏》："神人即陆吾也。其状虎身九尾，人面虎爪，司昆仑者。已见《西次三经》。"白处之，郭璞注为"言其尾以白为点驳"。

常阳山　寒荒国　寿麻国

原文

大荒之中，有山名曰常阳之山，日月所入。

有寒荒之国。有二人女祭、女薎（miè）[1]。

有寿麻之国。南岳娶州山女，名曰女虔。女虔生季格，季格生寿麻。寿麻正立无景，疾呼无响。爰有大暑，不可以往。

注释

[1]女祭、女薎：见《海外西经》。女薎，即女戚。

夏耕尸　吴回　盖山国

原文

有人无首，操戈盾立，名曰夏耕之尸[1]。故成汤伐夏桀于章山，克之，斩耕厥（jué）前。耕既立，无首，走厥咎[2]，乃降于巫山。

有人名曰吴回[3]，奇左，是无右臂。

有盖山之国。有树，赤皮支干，青叶，名曰朱木。

有一臂民。

注释

[1]夏耕之尸：郭璞注："亦形（刑）天尸之类。"[2]走厥咎：郭璞注："逃避罪也。"厥，之。[3]吴回：火神祝融。也有说是祝融的弟弟。

大荒山　夏后开

原文

大荒之中，有山名曰大荒之山，日月所入。有人焉三面，是颛顼之子，三面一臂[1]，三面之人不死。是谓大荒之野。

西南海之外，赤水之南，流沙之西，有人珥两青蛇，乘两龙，名曰夏后开。开上三嫔（bīn）于天，得《九辩》与《九歌》[2]以下。此天穆之野[3]，高二千仞，开焉得始歌《九招》。

注释

[1]一臂：郭璞注："无左臂。"[2]《九辩》与《九歌》：郭璞注："皆天帝乐名也，开登天而窃以下用之也。"开，西汉人避讳景帝刘启，改"启"为"开"。[3]天穆之野：《竹书》："帝颛顼三十年，帝产伯鲧，居天穆之野。"

互人国　鱼妇　鹖鸟　大巫山　偏句山　常羊山

原文

有互人之国[1]。炎帝之孙名曰灵恝，灵恝生互人，是能上下于天。

有鱼偏枯，名曰鱼妇，颛顼死即复苏。风道北来，天乃大水泉，蛇乃化为鱼，是为鱼妇。颛顼死即复苏[2]。

有青鸟，身黄，赤足，六首，名曰鹖（zhǔ）鸟。

有大巫山。有金之山。西南大荒之中隅，有偏句、常羊之山。

注释

①互人之国：即"氏人国"。见《海内南经》。②"蛇乃化为鱼"两句：《淮南子》："后稷龙在建木西，其人死复苏，其中为鱼。"

大荒北经

《大荒北经》从东北海外的附禺山开始，记载了很多奇异的动物和神，如兽首蛇身的琴虫，长着九颗脑袋、人脸鸟身的九凤神，虎头人身、口中衔蛇的强良神，能呼风唤雨的烛龙。本章最重要的内容是黄帝和蚩尤的涿鹿之战，这是炎黄神话中极为重要的一个。

附禺山　卫丘

　　东北海之外，大荒之中，河水之间，附禺之山[1]，帝颛顼与九嫔葬焉。爰有鸱久、文贝、离俞、鸾鸟、皇鸟、大物、小物。有青鸟、琅鸟、玄鸟、黄鸟、虎、豹、熊、罴、黄蛇、视肉、璿瑰、瑶碧，皆出卫于山[2]。丘方员三百里，丘南帝俊竹林在焉，大可为舟。竹南有赤泽水，名曰封[3]渊。有三桑无枝[4]。丘西有沈[5]渊，颛顼所浴。

　　[1]附禺之山：《山海经笺疏》："《海外北经》作务隅，《海内东经》又作附禺，皆一山也。"[2]出卫于山：郭璞注："其山在边也。"《山海经笺疏》："《艺文类聚》八十九卷、《初学记》二十八卷引此经并作'卫丘山'，是知古本'卫''丘'连文，而以'皆出于山'四字相属，今本误倒其句耳，所宜订正。"[3]封：大。[4]三桑无枝：见《海外北经》。[5]沈：深。

附禺山

胡不与国　不咸山　肃慎国　琴虫

原文

有胡不与之国①，烈姓②，黍食。

大荒之中，有山名曰不咸。有肃慎氏之国③。有蜚蛭④，四翼。有虫，兽首蛇身，名曰琴虫⑤。

注释

①胡不与之国：郭璞注："一国复名耳，今胡夷语皆然。"②烈姓：《山海经笺疏》："烈姓盖炎帝神农之裔。《左传》称'烈山氏'，《祭法》作'厉山氏'，郑康成注云'厉山，神农所起，一曰烈山'。"③肃慎氏之国：见《海外西经》。④蜚蛭：《上林赋》有"蛭蜩蠼（qú）猱（náo）"，司马彪注引此经作"飞蛭"。⑤琴虫：郭璞注："亦蛇类也。"

琴　虫

大人国　鲧攻程州之山　衡天山　叔歜国

原文

有人名曰大人。有大人之国①，釐姓，黍食。有大青蛇，黄头，食麈。有榆山。

有鲧攻程州之山②。

大荒之中，有山名曰衡天。有先民之山③。有槃木④千里。

有叔歜（chù）国，颛顼之子，黍食，使四鸟：虎、豹、熊、罴。有黑虫如熊状，名曰猎猎（xī）⑤。

大荒北经

注释 block
注释

①大人之国：《大荒东经》："波谷山有大人之国。"②鲧攻程州之山：郭璞注："皆因其事而名物也。"《山海经笺疏》："程州，盖亦国名，如禹攻共工国山之类。"程州，约是国名，或部族名。③先民之山：《山海经笺疏》："西北海之外有先民之国，见《大荒西经》，非此也。"④槃木：《大戴礼·五帝德篇》："东至于蟠木。"《艺文类聚》："桃树屈蟠三千里。"槃，同"蟠"，盘曲。⑤猎：古作"猲"。

叔歜国

北齐国 先槛大逢山 禹所积石 始州国 大泽

原文

有北齐之国，姜姓①，使虎、豹、熊、罴。

大荒之中，有山名曰先槛大逢之山，河、济所入②，海北注焉。其西有山，名曰禹所积石。

有阳山者。有顺山者，顺水出焉。有始州之国，有丹山③。

有大泽方千里，群鸟所解。

注释

①姜姓：《山海经笺疏》："神农居姜水，以为姓。"②河、济所入：郭璞注："河、济注海，已复出海外，入此山中也。"《山海经笺疏》："满洲人福星保言：'黄河入海，复流出塞外，注翰海。翰海地皆沙碛（qì），盖伏流也。'案福君此说与经义合。翰海即群鸟解羽之所，见下文。"翰，同"瀚"。碛，沙漠。③丹山：《山海经笺疏》："《竹

大泽

235

书》云'阳甲三年,西征丹山戎'。"阳甲,商部落首领,姓子名和。

毛民国　儋耳之国

有毛民之国[1],依姓,食黍,使四鸟。禹生均国,均国生役采,役采生修鞈,修鞈杀绰人。帝念之,潜为之国,是此毛民。

有儋(dān)耳之国[2],任姓。禺号子[3],食谷。北海之渚中,有神,人面鸟身,珥两青蛇,践两赤蛇,名曰禺强。

[1]毛民之国:见《海外东经》。[2]儋耳之国:郭璞注:"其人耳大下儋,垂在肩上。"《山海经笺疏》:"聂耳国见《海外北经》,与此异。"[3]禺号子:《山海经笺疏》:"禺号即禺貌,《大荒东经》云:'黄帝生禺貌,禺貌生禺京,禺京生禺强也,京强声相近。'"

北极天柜山　成都载天山　无肠国

大荒之中,有山名曰北极天柜,海水北注焉。有神,九首人面鸟身,名曰九凤。又有神,衔蛇操蛇,其状虎首人身,四蹄长肘,名曰强良[1]。

大荒之中,有山名曰成都载天。有人珥两黄蛇,把两黄蛇,名曰夸父。后土[2]生信,信生夸父。夸父不量力,欲追日景,逮之于禺谷[3]。将饮河而不足也,将走大泽,未至,死于此。应龙已杀蚩尤,又杀夸父,乃去南方处之,故南方多雨。

又有无肠之国[4],是任姓。无继子,食鱼。

[1]强良:郭璞注:"亦在'畏兽画'中。"《山海经笺疏》:"《后汉·礼仪志》说十二神云:'强梁、祖明,共食磔(zhé)死寄生。'疑'强梁'即'强

良'。"②后土：《山海经笺疏》："共工氏之子句龙也，见昭十九年《左传》，又见《海内经》。"③禺谷：郭璞注："禺渊，日所入也。"《山海经笺疏》："《列子·汤问篇·夏革说》本此，'禺谷'作'隅谷'。"④无肠之国：见《海外北经》。

相繇

原文

　　共工之臣名曰相繇（yáo），九首蛇身，自环，食于九土。其所歍（wū）所尼①，即为源泽，不辛乃苦，百兽莫能处。禹堙洪水，杀相繇，其血腥臭，不可生谷；其地多水，不可居也。禹湮之，三仞三沮②，乃以为池，群帝因是以为台。在昆仑之北。

注释

　　①歍：呕吐。尼：止。②三仞三沮：郭璞注："言禹以土塞之，地陷坏也。"

寻竹　不句山　共工台　黄帝女魃

原文

　　有岳之山，寻竹①生焉。

　　大荒之中，有山名不句，海水入焉。

　　有系昆之山者，有共工之台，射者不敢北乡。有人衣青衣，名曰黄帝女魃（bá）②

黄帝女魃

蚩尤作兵伐黄帝，黄帝乃令应龙攻之冀州之野。应龙蓄水，蚩尤请风伯、雨师，纵大风雨。黄帝乃下天女曰魃，雨止，遂杀蚩尤。魃不得复上，所居不雨。叔均③言之帝，后置之赤水之北。叔均乃为田祖④。魃时亡之⑤，所欲逐之者，令曰："神北行！"先除水道，决通沟渎（dú）。

①寻：郭璞注："大竹名。"②魃：《山海经笺疏》："《玉篇》引《文字指归》曰：'女妭，秃无发，所居之处不雨也，同魃。'"③叔均：即商均，见《大荒西经》。④田祖：郭璞注："主田之官。"⑤魃时亡之：《山海经笺疏》："亡谓善逃逸也。"

深目民国　赤水女子献　戎宣王尸

原文

有人方食鱼，名曰深目民之国①，盼（fén）姓，食鱼。

有钟山者。有女子衣青衣，名曰赤水女子献②。

大荒之中，有山名曰融父山，顺水入焉。有人名曰犬戎。黄帝生苗龙，苗龙生融吾，融吾生弄③明，弄明生白犬。白犬有牝牡④，是为犬戎，肉食。有赤兽，马状无首，名曰戎宣王尸⑤。

深目民

注 释

①深目民之国：已见《海外北经》。②赤水女子献：疑为赤水之女魃。③弄：郭璞注：一作"卞"。《山海经笺疏》："《汉书·匈奴传》注引此经作'弄明'，《史记·周纪·正义》引此经作'并明'，'并'与'卞'疑形声之讹转。"④白犬有牝牡：郭璞注："言自相配合也。"⑤戎宣王尸：郭璞注："犬戎之神名也。"

齐州山　一目人　继无民

原文

有山名曰齐州之山、君山、鬻（qián）山、鲜野山、鱼山。

有人一目[1]，当面中生。一曰是威姓，少昊之子，食黍。

有继无民[2]，继无民任姓，无骨子[3]，食气、鱼。

注释

[1] 有人一目：《山海经笺疏》："此人即一目国也，见《海外北经》。"[2] 继无民：应为无继民。[3] 无骨子：郭璞注："言有无骨人也。《尸子》曰：'徐偃王有筋无骨。'"

赖丘国　犬戎国　苗民　若木　牛黎国

原文

西北海外，流沙之东，有国曰中輻（biàn），颛顼之子，食黍。

有国名曰赖丘。有犬戎国[1]。有神，人面兽身，名曰犬戎。

西北海外，黑水之北，有人有翼，名曰苗民[2]。颛顼生骧头，骧头生苗民，苗民釐姓，食肉。有山名曰章山。

大荒之中，有衡石山、九阴山、洞（jiǒng）野之山，上有赤树，青叶赤华，名曰若木。

有牛黎[3]之国。有人无骨，儋耳之子。

牛黎国

注释

[1] 犬戎国：见《海内北经》。[2] 苗民：见《海外南经》三苗国。[3] 牛黎：《山

海经笺疏》：“牛黎，盖即'柔利'也。”见《海外北经》“柔利国”。

章尾山　烛龙

原文

西北海之外，赤水之北，有章尾山[1]。有神，人面蛇身而赤，身长千里，直目正乘，其瞑乃晦，其视乃明，不食不寝不息，风雨是谒[2]。是烛九阴[3]，是谓烛龙。

注释

[1]章尾山：《山海经笺疏》：“《海外北经》作'钟山'。”[2]风雨是谒：郭璞注：“言能请致风雨。”[3]是烛九阴：郭璞注：“照九阴之幽阴也。”

烛龙

海内经

《海内经》总结了东海以内山川和国家的分布情况。这一章还讲述了我们熟悉的神话故事，如华胥踏巨人足印生伏羲，伏羲与女娲结合繁衍人类等。

朝鲜 天毒 壑市国 氾叶国

东海之内，北海之隅，有国名曰朝鲜[1]。天毒[2]，其人水居，偎[3]人爱之。

西海之内，流沙之中，有国名曰壑市[4]。

西海之内，流沙之西，有国名曰氾叶。

[1]朝鲜：见《海内北经》。

[2]天毒：郭璞注："天毒即天竺国，贵道德，有文书、金银、钱货，浮屠出此国中也。晋大兴四年，天竺胡王献珍宝。"[3]偎：爱。

[4]壑市：《山海经笺疏》："《水经注·禹贡山水泽地》云：'流沙在西海郡北，又迳浮渚，历壑市之国。'"

天毒人

鸟山 朝云国 不死山

流沙之西，有鸟山[1]者，三水出焉。爰有黄金、璿瑰、丹货、银、铁，皆流于此中。又有淮山，好水出焉。

流沙之东，黑水之西，有朝云之国、司彘之国。黄帝妻雷祖，生昌意。昌意降处若水，生韩流。韩流擢（zhuó）首、谨耳、人面、豕喙、麟身、渠股[2]、豚止[3]，取淖（nào）子曰阿女，生帝颛顼。

流沙之东，黑水之间，有山名不死之山[4]。

注释

①鸟山：《水经注》："流沙历墼市之国，又径于鸟山之东。"②渠股：罗圈腿。渠，车辋。③止：通"趾"。④不死之山：即员丘。

肇山　柏高　都广之野

原文

华山青水之东，有山名曰肇山。有人名曰柏高①，柏高上下于此，至于天。

西南黑水之间，有都广之野，后稷葬焉。爰有膏②菽、膏稻、膏黍、膏稷，百谷自生，冬夏播琴③。鸾鸟自歌，凤鸟自儛，灵寿④实华，草木所聚。爰有百兽，相群爰处。此草也，冬、夏不死。

注释

①柏高：郭璞注："柏子高，仙者也。"郝懿行认为柏高即伯成子高，相传为尧、舜、禹时期的诸侯。《庄子·天地》载："尧治天下，伯成子高立为诸侯。尧授舜，舜授禹，伯成子高辞为诸侯而耕。禹往见之，则耕在野。禹趋就下风，立而问焉，曰：'昔尧治天下，吾子立为诸侯。尧授舜，舜授予，而吾子辞为诸侯而耕。敢问其故何也？'子高曰：'昔者尧治天下，不赏而民劝，不罚而民畏。今子赏罚而民且不仁，德自此衰，刑自此立，后世之乱自此始矣！夫子阖行邪？无落吾事！'俋俋（yì）乎耕而不顾。"②膏：郭璞注："言味好皆滑如膏。"③播琴：郭璞注："播琴犹播殖，方俗言耳。"④灵寿：郭璞注："木名也，似竹，有枝节。"

若木　灵山嫘蛇　盐长鸟氏　九丘

原文

南海之外，黑水、青水之间，有木名曰若木①，若水②出焉。

有禺中之国。有列襄之国。有灵山，有赤蛇在木上，名曰蝡（ruǎn）蛇，木食^③。

有盐长^④之国。有人焉，鸟首，名曰鸟氏^⑤。

有九丘，以水络之，名曰陶唐之丘。有叔得之丘、孟盈之丘、昆吾之丘、黑白之丘、赤望之丘、参卫之丘、武夫之丘、神民之丘。

有木，青叶紫茎，玄华黄实，名曰建木，百仞无枝，有九欘（zhú）^⑥，下有九枸（qú），其实如麻，其叶如芒。大皡^⑦爱过，黄帝所为。

注释

①若木：见《大荒北经》。②若水：《水经》："若水出蜀旄牛徼外。南至故关为若水也。"徼，边界。③木食：郭璞注："言不食禽兽也。"④盐长：《太平御览》引此经作"监长"。⑤鸟氏：也作"鸟民"。《史记·秦本纪》："大费生子二人，一曰大廉，实属鸟俗氏。"⑥九欘：郭璞注："枝回曲也。"⑦大皡：庖羲氏。

猩猩　巴国　巴人　流黄辛氏国　朱卷国

原文

有窫窳，龙首，是食人。有青兽，人面，名曰猩猩。

西南有巴国。大皡生咸鸟，咸鸟生乘釐，乘釐生后照，后照是始为巴人。

有国名曰流黄辛氏，其域中方三百里，其出是尘土。有巴遂山，渑水出焉。

又有朱卷之国。有黑蛇，青首，食象^①。

注释

①黑蛇：即巴蛇。见《海内南经》。

赣巨人 黑人 嬴民 苗民

原文

南方有赣巨人[1]，人面长臂，黑身有毛，反踵，见人笑亦笑，唇蔽其面，因即逃也。

又有黑人，虎首鸟足，两手持蛇，方啖之。

有嬴民，鸟足。有封豕[2]。

有人曰苗民。有神焉，人首蛇身，长如辕，左右有首，衣紫衣，冠旃冠[3]，名曰延维[4]，人主得而飨食之，伯（bà）[5]天下。

封豕

有鸾鸟自歌，凤鸟自舞。凤鸟首文曰"德"，翼文曰"顺"，膺文曰"仁"，背文曰"义"，见则天下和。

注释

①赣巨人：枭阳。见《海内南经》。②封豕：郭璞注："大猪也，羿射杀之。"③冠旃冠：戴红色的帽子。④延维：委蛇。⑤伯：同"霸"。

菌狗 三天子都 九嶷山

原文

又有青兽如菟，名曰菌（jùn）狗[1]。有翠鸟。有孔鸟。

南海之内，有衡山，有菌山，有桂山[2]。有山名三天子之都[3]。

南方苍梧之丘，苍梧之渊，其中有九嶷（yí）山，舜之所葬，在长沙零陵界中。

注释

①蔺狗：郝懿行注："'蔺'盖古'菌'字；蔺狗者，《周书·王会篇》载《伊尹四方令》云'正南以菌鹤，短狗为献'。"②桂山：郭璞注："或云衡山有菌桂，桂员似竹，见《本草》。"③三天子之都：郭璞注："三天子之郭山。"

蛇山翳鸟　相顾尸　伯夷父　幽都山　大幽国

原文

北海之内，有蛇山者，蛇水出焉，东入于海。有五采之鸟，飞蔽一乡，名曰翳（yì）鸟①。又有不距之山，巧倕（chuí）②葬其西。

北海之内，有反缚盗械、带戈常倍之佐，名曰相顾之尸。

伯夷父生西岳，西岳生先龙，先龙是始生氐羌，氐羌乞姓。

翳鸟

北海之内，有山名曰幽都之山。黑水出焉，其上有玄鸟、玄蛇、玄豹、玄虎、玄狐蓬尾。有大玄之山。有玄丘之民。有大幽之国。有赤胫之民。

注释

①翳鸟：凤凰之类的鸟。②巧倕：《玉篇》："倕，黄帝时巧人也。"高诱注《淮南·本经训》："倕，尧之巧工。"

钉灵国　伯陵　鲧　吉光

原文

有钉灵之国①，其民从膝以下有毛，马蹄，善走。

炎帝之孙伯陵，伯陵同②吴权③之妻阿女缘妇。缘妇孕三年，是生鼓、延、殳（shū），始为侯。鼓、延是始为钟，为乐风。

黄帝生骆明，骆明生白马，白马是为鲧。

帝俊生禺号④，禺号生淫梁，淫梁生番禺，是始为舟。番禺生奚仲，奚仲生吉光，吉光是始以木为车⑤。

①钉灵之国：《通考》："丁令国有二。乌孙长老言：'北丁令有马胫国，其人声音似雁鹜，从膝以上生头人也，膝以下生毛，马胫马蹄，不骑马而走疾于马。'"②同：通"通"，即私通的意思。③吴权：人名。④禺号：即《大荒东经》禺䝞。⑤吉光是始以木为车：郭璞注："《世本》云'奚仲作车'，此言吉光，明其父子共创作意，是以互称之。"

般 羿 晏龙 巧倕
后稷 叔均 禹定九州

少皞生般，般是始为弓矢①。

帝俊赐羿彤弓、素矰（zēng）②，以扶下国，羿是始去恤下地之百艰。

帝俊生晏龙③，晏龙是为琴瑟。

帝俊有子八人，是始为歌舞。

帝俊生三身④，三身生义均，义均是始为巧倕，是始作下民百巧。后稷是播百谷。稷之孙曰叔均，是始作牛耕。大比赤阴⑤，是始为国。禹、鲧是始布土，均定九州。

①般是始为弓矢：郭璞注："《世本》云'牟夷作矢，挥作弓。'矢弓一器，作者两人，于义有疑。此言般之作，是。"②彤弓、素矰：郭璞注："彤弓，朱弓；矰，矢名，以白羽羽之。《外传》：'白羽之矰，望之如荼'也。"③帝俊生晏龙：见《大荒东经》。④帝俊生三身：见《大荒南经》。⑤大比赤阴：《山海经笺疏》："大比赤阴，四字难晓，推寻文义，当是地名。"

炎帝子孙　鲧窃息壤

原文

炎帝之妻，赤水之子听訞（yāo）生炎居，炎居生节并，节并生戏器，戏器生祝融。祝融降处于江水，生共工。共工生术器，术器首方颠①，是复土穰②，以处江水。共工生后土，后土生噎鸣，噎鸣生岁十有二③。

钉灵国人

洪水滔天。鲧窃帝之息壤④以埋洪水，不待帝命。帝令祝融杀鲧于羽郊⑤。鲧复生禹⑥。帝乃命禹卒布土，以定九州。

注释

①首方颠：郭璞注："头顶平也。"②复土穰：郭璞注："复祝融之所也。"③噎鸣生岁十有二：郭璞注："生十二子，皆以岁名名之，故云然。"④息壤：郭璞注："息壤者，言土自长息无限，故可以塞洪水也。"⑤羽郊：郭璞注："羽山之郊。"羽山见《南次二经》。⑥鲧复生禹：郭璞注："《开筮》曰：'鲧死三岁不腐，剖之以吴刀，化为黄龙也。'"《山海经笺疏》："《初学记》二十二卷引《归藏》云：'大副之吴刀，是用出禹。'"《楚辞·天问》有"伯禹腹鲧"句。复，通"腹"。

图书在版编目（CIP）数据

图文精注山海经 / 柳书琴编注 . -- 北京：中国画
报出版社 , 2025.9. -- ISBN 978-7-5146-2529-5

Ⅰ . K928.626

中国国家版本馆 CIP 数据核字第 20254HY569 号

图文精注山海经

柳书琴　编注

出 版 人：方允仲
责任编辑：李聚慧
责任印制：焦　洋

出版发行：中国画报出版社
地　　址：中国北京市海淀区车公庄西路 33 号
邮　　编：100048
发 行 部：010-88417418　010-68414683（传真）
总编辑室传真：010-88417359　版权部：010-88417359

开　　本：16 开（710mm × 1000mm）
印　　张：16
字　　数：310 千字
版　　次：2025 年 9 月第 1 版　2025 年 9 月第 1 次印刷
印 刷 厂：金世嘉元（唐山）印务有限公司
书　　号：ISBN 978-7-5146-2529-5
定　　价：58.00 元